# A ESSÊNCIA DA
# Mente

COLEÇÃO PENSAMENTOS E TEXTOS DE SABEDORIA

# A ESSÊNCIA DA
# Mente

A ESSÊNCIA DA SABEDORIA DOS
GRANDES GÊNIOS DE TODOS OS TEMPOS

MARTIN CLARET

**A ARTE DE VIVER**

# Créditos

© *Copyright* desta edição: Editora Martin Claret Ltda, 1998.

**IDEALIZAÇÃO E
REALIZAÇÃO**
Martin Claret

**ASSISTENTE EDITORIAL**
Rosana Gilioli Citino

Direção de Arte
*José Duarte T. de Castro*

**CAPA**
*Auto-Retrato com Peliça*
(detalhe), Albrecht Dürer

Editoração Eletrônica
*Editora Martin Claret*

**MIOLO**
Revisão
*Raphael Vassão Nunes Rodrigues*
*Juliana Amato*

Papel
*Off-Set, 70g/m²*

Impressão e Acabamento
PSI7

**Editora Martin Claret Ltda** - Rua Alegrete, 62 - Bairro Sumaré
CEP: 01254-010 - São Paulo - SP
Tel.: (01xx1) 3672-8144 - Fax: (0xx11) 3673-7146

**www.martinclaret.com.br / editorial@martinclaret.com.br**

Agradecemos a todos os nossos amigos e colaboradores —
pessoas físicas e jurídicas — que deram as condições para que
fosse possível a publicação deste livro.

2ª REIMPRESSÃO - 2011

## A ARTE DE VIVER

# Seja profeta de si mesmo

*Martin Claret*

*"A função derradeira das profecias não é a de predizer o futuro, mas a de construí-lo."*

## Somos criaturas programáveis

Caro leitor: não é por acaso que você está lendo este livro-clipping. Nada acontece por acaso. Tudo acontece por uma causa.

Possivelmente a causa de você o estar lendo, seja a sua vontade de obter mais informações, ou expandir a sua consciência. A causa, também, pode ser a força da minha mentalização.

Cientistas, antropólogos, psicólogos e educadores têm afirmado que o ser humano é uma criatura culturalmente programada e programável.

Eis aí uma grande verdade.

## Seu *Hardware* e seu *Software*

Nosso cérebro e nosso sistema nervoso — o nosso hardware (a máquina) — é mais ou menos igual em todas as pessoas. A grande diferença que faz a diferença é o que está gravado ou programado no cérebro, isto é, o nosso software (o programa).

Explicando de uma maneira extremamente simplificada, você tem três tipos de programação: 1ª- a programação genética (o instinto); 2ª- a programação sócio-cultural (família, amigos, escola, trabalho, líderes espirituais e políticos, livros, cinema, TVs, etc.); 3ª- a autoprogramação ou a programação feita por você em você mesmo.

Na primeira programação você não tem nenhum controle; na segunda, tem controle parcial; e na terceira programação você tem controle total.

É fundamental que você saiba, conscientemente, controlar o terceiro tipo de programação, ou seja, a autoprogramação.

## Um método de autoprogramação humana

Todos os livros-clippings da coleção Pensamentos de Sabedoria foram construídos para conduzir você a se autoprogramar para um estado de ser positivo, realístico e eficiente.

Depois de longa pesquisa e vivência — análise e intuição — concluí que há, e sempre houve, um método simples e seguro de autoprogramação.

As informações adquiridas através da leitura de "historinhas", parábolas, fábulas, metáforas, aforismos, máximas, pensamentos, etc., podem, eventualmente, atingir seu subconsciente sem passar pelo crivo do consciente analítico e bloqueador. Esta prática permite, sem grande esforço, implantar em seu sistema automático perseguidor de objetivos, uma programação incrivelmente poderosa e geradora de ação.

*Sabemos — o grande objetivo da educação não é apenas o saber, mas a ação.*

Um dos maiores Mestres de nosso tempo e um gênio na Arte de Viver, formalizou, com incrível simplicidade, este princípio, quando ensinou: "Pedi e vos será dado; buscai e achareis; batei e vos será aberto. Pois todo o que pede, recebe; o que busca, acha; e ao que bate, se abrirá."

Hoje, em plena era da informática com a conseqüente revolução da comunicação, estamos compreendendo esses eficientes recursos que temos inerentemente dentro de nós.

## Um livro "vivo" e motivador

*A coleção* Pensamentos de Sabedoria *foi idealizada e construída para nos programar (autoprogramar) para a plenitude da vida. São 72 volumes de 112/128 páginas, no formato de bolso 11,5 x 18 cm com textos essencializados, de alta qualidade gráfica, periodicidade mensal, baixo custo e distribuição a nível nacional.*

*Este livro começa onde o leitor o abrir. Ele não tem início nem fim. Pode continuar na nossa imaginação.*

*A essência da sabedoria dos grandes mestres espirituais, líderes políticos, educadores, filósofos, cientistas e empreendedores está aqui reunida de uma maneira compacta e didaticamente apresentada.*

*Buscamos a popularização do livro.*

*A foto e o pequeno perfil biográfico do autor de cada pensamento têm a função de facilitar a visualização do leitor. As "historinhas", ou "cápsulas" de informação, estão apresentadas com extrema concisão. As principais emoções e os mais importantes assuntos do conhecimento humano, bem como a vida de personalidades imortais, estão presentes nos 72 volumes. Cada título da coleção*

Pensamentos de Sabedoria *é um livro "vivo", motivador e transformador. Oferecemos o livroterapia.*

## Uma paixão invencível

*Minha permanente paixão cultural (já o disse em outros trabalhos) é ajudar as pessoas a se auto-ajudarem. Acredito ser esta minha principal vocação e missão. Quero "claretizar" as pessoas, ou seja, orientá-las no sentido de que vivam plenamente e tenham uma visão univérsica do mundo. Que sejam e que vivam harmonizadamente polarizadas.*

*Você tem o poder de genializar-se.*

*Este é o meu convite e o meu desafio lançado a você, leitor. Participe do "Projeto Sabedoria" e seja uma pessoa cosmo-pensante e auto-realizada.*

*"Pensar que É faz realmente SER".*

*Leitor amigo: vamos, juntos, construir uma poderosa força sinérgica para o nosso desenvolvimento pessoal e para o desenvolvimento de todas as pessoas de boa vontade.*

*Comece rompendo seus limites, modelando os grandes gênios. Visualize-se como já sendo "um vencedor do mundo".*

*Seja profeta de si mesmo.*

## A ARTE DE VIVER

MACHADO DE ASSIS - Escritor e jornalista brasileiro, nascido no Rio de Janeiro. Foi sócio-fundador da Arcádia Fluminense e Presidente da Academia Brasileira de Letras. Sua produção literária abrange a poesia e o teatro, mas é coroada pelo romance, que se consagrou em livros como *D. Casmurro e Quincas Borba*. Suas obras são de características realista e as mais famosas foram traduzidas para diversas línguas. É considerado um dos maiores escritores do século XIX (1839 -1908).

> **Só seremos o que desejamos ser quando nossos pensamentos corresponderem aos nossos desejos.**

## A ARTE DE VIVER

# Tu És o que Pensas

*Huberto Rohden*

O homem é o resultado dos seus pensamentos habituais. A atitude mental cria os atos externos. Quem vive, habitualmente, em pensamentos largos e benévolos não pode praticar atos estreitos e malévolos.

Por isso, cuidado com os pensamentos!... Alimento para muitos — veneno para muitíssimos...

A educação dos pensamentos é a base para toda a educação — e quem dá importância a esse fator primordial da pedagogia? Como pode alguém ser bom se os seus pensamentos são maus?...

A "guerra fria" dos jornais prepara a "guerra quente" nos campos de batalha; cria o combustível para ser ignificado, oportunamente. Os poderes públicos deviam proibir categoricamente qualquer hostilização mental e verbal, a fim de poderem evitar hostilidade real. Mas a heresia da "liberdade de pensamento" e "liberdade de imprensa" não permite semelhante serviço de profilaxia mental e social.

"Quem ventos semeia, tempestades colherá"...

Nações Unidas é, sem dúvida, um belo ideal — mas nunca será sólida realidade enquanto não tivermos Mentes Unidas — o MU terá de preceder o NU.

Gandhi não permitia a seus companheiros de *ahimsã* e *satyagraha* que alimentassem pensamentos hostis aos ingleses, para evitar que chegassem a praticar atos hostis.

Pensar mal é prelúdio para fazer mal.

(Fonte: *Ídolos ou Ideal?*, Huberto Rohden, Editora Martin Claret, 1990.)

## A ARTE DE VIVER

CHICO XAVIER
- Escritor paranormal brasileiro, seguidor e divulgador dos ensinamentos kardecistas. Nasceu numa pequena cidade do interior de Minas Gerais. É autor de, aproximadamente, 400 obras psicografadas em mais de 60 anos de trabalho mediúnico. Expressando-se em dois mundos, o material e o espiritual levou paz e cura para muitas pessoas angustiadas e doentes. Chico Xavier é considerado um fenômeno espírita (1910 -2002).

> **A criatura usufrui das energias mentais de modo a criar o bem, não para planejar o mal.**

## A ARTE DE VIVER

# O Verdadeiro Segredo da Imagem Mental

*Maxwell Maltz*

Homens e mulheres realmente vitoriosos, em todas as épocas, têm feito uso de "imagens mentais" e do "exercício do ensaio". Napoleão, por exemplo, "praticou" militarismo em imaginação durante muitos anos antes de entrar num campo de batalha real. Webb e Morgan, no livro *Aproveite Sua Vida ao Máximo*, contam-nos que "as notas que Napoleão fez de suas leituras, durante esses anos de estudo, ocupavam, depois de impressas, 400 páginas. Ele se imaginava no papel de comandante, e desenhava mapas da ilha de Córsega, indicando minuciosamente onde colocaria suas defesas, e fazendo todos os cálculos com precisão matemática."

Conrad Hilton, o criador da famosa cadeia de hotéis, imaginava-se dirigindo um hotel, muito antes que a idéia de adquirir um hotel passasse pela sua cabeça. Quando menino, ele costumava "brincar" de dono de hotel.

Disse Henry Kayser que todos os seus empreendimentos comerciais foram realizados em sua imaginação antes de surgirem na realidade.

A nova ciência da Cibernética nos esclarece

porque a auto-imagem produz resultados tão surpreendentes, e mostra que tais resultados constituem o funcionamento normal e natural da nossa inteligência e do nosso cérebro. Ela encara o cérebro, o sistema nervoso e o sistema muscular do homem como um "servo mecanismo" altamente complexo. (Uma máquina automática de busca de objetivos, que "dirige" sua rota até um alvo ou objetivo, usando para isso dados de "retroação" e informações armazenadas retificando automaticamente seu curso quando necessário.) Como dissemos anteriormente, este novo conceito não significa que VOCÊ é uma máquina, mas que seu cérebro e seu corpo funcionam como uma máquina que VOCÊ opera.

Esse mecanismo criador automático que há dentro de nós atua em uma só direção. Ele precisa de um alvo em que atirar. Como disse Alex Morrison, precisamos primeiramente ver com nitidez uma coisa em nosso espírito, antes de podermos executá-la. Satisfeita essa condição, o "mecanismo de êxito" que há em nós assume o comando e faz o que precisa ser feito melhor do que nós o poderíamos fazer por meio de esforço consciente ou da "força de vontade".

Em vez de tentar fazer determinada coisa por meio de uma férrea força de vontade, preocupando-se continuamente e imaginando tudo que poderá sair errado, você deve simplesmente relaxar a tensão, interromper o esforço, desenhar mentalmente o alvo desejado e "deixar" que seu mecanismo de êxito assuma a direção. Assim, desenhando mentalmente o objetivo visado, você se obriga a um "pensamento positivo". Nem por isso você será, depois, poupado de esforço e trabalho, mas seus esforços serão no sentido de conduzi-lo para a frente, em direção do seu objetivo. Você não se perderá em conflitos mentais que ocorrem quando você "quer" e "tenta" fazer determinada coisa, mas vê mentalmente outra coisa qualquer.

(Fonte: *Liberte sua Personalidade*, Maxwell Maltz, Editora Best Seller, 1965.)

## A ARTE DE VIVER

CÍCERO (Marco Túlio) - Filósofo, orador e político romano. Estudou letras e leis em Roma e foi à Grécia aperfeiçoar-se com mestres de retórica. Após retornar a Roma, deu início à sua carreira política. Uma questão jurídica, na Sicília, na qual ele saiu-se vitorioso, assegurou-lhe a glória. Ficou conhecido e foi designado para desempenhar as funções de cônsul e sufocar a conjuração de Catilina. É considerado orador de primeira grandeza e pensador que muito contribuiu para a difusão da filosofia grega em Roma. Apesar disso, caiu em desgraça e foi condenado à morte (degolado). Entre suas obras principais encontram-se: *Verrinas* (oratória); *De Inventione* (retórica) e *De Finibus Bonorum et Malorum* (filosófica) (106 - 43 a.C.).

**Depende de nós apagar de nossas mentes os infortúnios e as recordações desagradáveis.**

**A ARTE DE VIVER**

# Pense Grande

*Dr. Lair Ribeiro*

Para conseguirmos alcançar nossas metas existem algumas dicas e recomendações valiosas. A primeira recomendação a enfatizar é: escreva tudo o que for importante.

Em 1953 foi feito um estudo na Universidade de Harvard em que foram entrevistados todos os formandos. Dentre as várias perguntas, uma era sobre suas metas de vida: o que queriam alcançar no futuro. A pesquisa perguntava, também, se a pessoa tinha em algum momento colocado essas metas por escrito. Somente 3% dos formandos na universidade tinham escrito o que iriam fazer na vida. Vinte anos depois, todos foram novamente entrevistados. Pasmem: aqueles 3% dos alunos que tinham colocado suas metas por escrito valiam mais financeiramente do que os 97% juntos! E não foi só isso: eles eram os mais sadios, os mais alegres, bem-dispostos e satisfeitos com a vida entre todos os ex-alunos pesquisados.

Veja a importância de escrever as coisas importantes no papel. Se você pede um empréstimo no banco, tem que assinar notas promissórias e um contrato com testemunhas, fiadores, etc. Não é só chegar ao gerente, pegar o dinheiro e prometer devolver num tempo x.

Tudo o que é importante tem que estar por escrito. E a sua vida, não é importante? No entanto, se eu perguntar a um grupo de pessoas o que cada uma vai fazer daqui a um, dois, cinco ou dez anos, a maioria dirá: "Não tive tempo para pensar."

Se você não teve tempo para pensar na coisa mais importante que é a *sua vida*, em que vai pensar, então?

Faça este exercício: escreva suas metas para os próximos seis meses, doze meses, cinco anos, dez, vinte anos. Confie, ponha em prática, e depois veja os resultados...

(Fonte: *O Sucesso não Ocorre por Acaso*, dr. Lair Ribeiro, Editora Objetiva, 1996.)

## A ARTE DE VIVER

PASCAL (Blaise)
- Filósofo, matemático e físico francês. Com suas teorias filosóficas de impacto entrou em conflito com a poderosa Ordem dos Jesuítas no século XVII. Escreveu várias obras e, entre elas, a mais popular é *Os Pensamentos*. Construiu a máquina aritmética e deixou vários trabalhos sobre geometria e aritmética (1625-1662).

> **A consciência é o melhor livro de moral que temos e aquele que mais devemos consultar.**

## A ARTE DE VIVER

# Disciplina : uma Grande Virtude

*William J. Bennett*

Na disciplina, o indivíduo se torna "discípulo" de si mesmo. É seu próprio professor, treinador, técnico e orientador.

Platão dividiu a alma em três partes, ou *funções* — razão, paixão e desejo — e disse que o comportamento correto resulta da harmonia entre esses elementos. Santo Agostinho procurou entender a alma hierarquizando as diversas formas de amor, em seu famoso *ordo amoris*: amor a Deus, ao próximo, a si mesmo e aos bens materiais. Sigmund Freud dividiu a psique em *id*, *ego* e *superego*. E vemos William Shakespeare observando os conflitos da alma, a luta entre o bem e o mal em obras imortais como Rei Lear, Macbeth, Otelo e Hamlet. O problema volta sempre ao equilíbrio da alma.

Mas a questão da ordem correta da alma não se atém ao domínio sublime da filosofia e do drama. Ela está no cerne da perfeita conduta no cotidiano. Aprendemos a organizar a alma da mesma maneira que aprendemos a resolver problemas de matemática e a jogar futebol: com a prática.

O caso de Demóstenes, contemporâneo de

Aristóteles, ilustra o tema. Demóstenes tinha grande ambição de se tornar orador, mas tinha limitações naturais da fala. A vontade firme é essencial, mas insuficiente. Segundo Plutarco, "sua pronúncia inarticulada e gaguejante foi superada e tornou-se mais distinta porque ele treinou falar com pedras na boca". Aumentando o problema que desejamos superar, desenvolvemos o poder necessário para vencer a dificuldade inicial. Demóstenes usou estratégia semelhante no treinamento da voz, que "ele disciplinou declamando versos e fazendo discursos quando estava quase sem fôlego, correndo ou subindo montanhas".

(Fonte: *O Livro das Virtudes*, William J. Bennett, Editora Nova Fronteira, 1995.)

> Somos o que pensamos. Tudo o que somos surge com nossos pensamentos, fazendo o nosso mundo.

*Buda*

**A ARTE DE VIVER**

# Como e Porque se Desenvolveram as Aptidões cerebrais*

*Roberto Lira Miranda*

Alguns dos mais remotos ancestrais do homem, como os répteis da família dos *teriodontes*, vivendo no triássico e no jurássico há mais de 200 milhões de anos, não tinham um cérebro maior do que um ovo, embora pudessem atingir 25 metros de comprimento e 35 toneladas de peso.

Seu cérebro primitivo, o "cérebro do lagarto", subsiste no homem moderno, constituindo o núcleo do "sistema límbico" do cérebro humano.

A capacidade desse cérebro, limitada à promoção de movimentos (ações) essenciais à sobrevivência e subsistência, não se desenvolveu aleatoriamente com o crescimento sobreposto das células constituintes do "córtex cerebral", comum a todos os mamíferos, ou do "neocórtex", exclusivo dos mamíferos superiores.

É fácil imaginar que, tanto o crescimento da massa cerebral e de seus mais de 100 bilhões de neurônios, como as aptidões nela contidas, acompanharam, progressivamente, a evolução das neces-

---

* Explanação dado por cientistas.

sidades de sobrevivência e a vocação de domínio de algumas espécies sobre as outras.

## Medula / Ponte / Bulbo / Cerebelo

Esse desenvolvimento deu-se em duas direções: para o lado esquerdo cresceram as aptidões relacionadas com a preservação individual: reação e fuga. Para o lado direito cresceram as aptidões gregárias, destinadas a garantir a sobrevivência por meio da associação com outros: aproximação e agrupamento.

Com essa conformação e aptidões cerebrais encontramos a maioria dos animais conhecidos, mamíferos ou não.

Ação, reação e, fuga, convívio e agrupamento são comportamentos comuns a mamíferos, répteis, aves e outras espécies. E nenhuma dessas aptidões exige elaborações intelectuais como as propostas no córtex cerebral.

Essas aptidões são suficientes para prover a subsistência de qualquer ser vivo em um ambiente não muito competitivo ou ameaçador.

## Pré-Córtex / Tálamo

Na fronteira entre o sistema límbico e o córtex cerebral, que estamos chamando de pré-córtex, as primeiras aptidões a se desenvolver foram, para o lado esquerdo, a busca de abrigo (toca ou covil) e a mobilização de recursos/organização individual (ninho ou cama) e, para o lado direito, as aptidões de associação: o contato físico extra-sexual e a comunicação através de sons: *paralinguagem*.

Esse nível de conformação cerebral e aptidões já não é comum à maioria dos animais e desenvolveu-se de forma acentuada nos primeiros grupos de primatas que, fugindo das florestas densas há mais de 2 milhões de anos, passaram a viver agrupados em cavernas e abrigos improvisados nas estepes e montanhas.

É empolgante imaginar os extraordinários desafios encontrados por esses ancestrais do homem, para a sobrevivência fora das florestas.

Seus membros superiores, ainda mais avantajados do que as pernas, perdiam grande parte de sua utilidade em um ambiente onde as árvores e cipós eram escassos e pouco os auxiliavam em suas caminhadas ou fugas posto que, há muitas gerações, já não funcionavam mais como "patas dianteiras".

Os felinos moviam-se a pelo menos o dobro de sua velocidade, podendo caçá-los com muito maior facilidade do que caçavam as gazelas e outros quadrúpedes.

Comedores de frutas, tubérculos e insetos, com dentes pequenos e maxilares fracos, eles tiveram que, muito antes de descobrir a agricultura, tornar-se nômades em busca de alimentos e expandir suas limitadas aptidões carnívoras para disputar caça com predadores muito mais especializados.

Precisavam de aptidões cerebrais capazes de compensar essas diferenças. Seus cérebros e suas aptidões cerebrais tiveram que crescer.

## Córtex Cerebral

As primeiras células do córtex cerebral trouxeram, pelo lado esquerdo, a autodisciplina, o auto-

-controle (de ações e movimentos deliberados) e, em seguida, seu planejamento prévio (previsão). Pelo lado direito vieram as aptidões para o apoio recíproco, a transmissão de conhecimento e experiências (ensinamento) e, logo, o envolvimento emotivo (social) mais profundo com o grupo, que só pôde realizar-se em profundidade com o surgimento da linguagem falada e escrita.

Os fósseis do *Homo erectus,* datando mais de 1,5 milhão de anos, exibem uma caixa craniana bem menor do que a do homem moderno, com a testa ainda projetada para trás, revelando menor presença de massa cerebral na região frontal do crânio.

O *Homem de Java,* com fósseis datando mais de 500 mil anos, ainda tinha a fronte baixa e o cérebro pequeno. O *Homem de Pequim,* aparentado do *Homem de Java,* com menos de 300 mil anos, já apresentava maior capacidade craniana.

Entre o *Homem de Neanderthal* e o de *Cro-magnon,* separados entre si por 30 mil anos de evolução, é que a capacidade craniana chega às dimensões da encontrada no homem atual.

## Neocórtex

O neocórtex abriu espaço para os exercícios intelectuais: a análise, a quantificação, a crítica, a avaliação e o entendimento pelo lado esquerdo e a imaginação, a criação, a especulação e as capacidades de inferir e quase adivinhar, pelo lado direito.

O uso amplo dessas habilidades conta com pouco mais do que 7 mil anos, época em que o homem deu início à agricultura, à domesticação dos animais (pastoreio) e à vida urbana.

O cérebro das espécies parou de crescer e se desenvolver? Não existe nenhuma razão para imaginar que sim. Muito pelo contrário, o mais lógico é perceber e admitir que os cérebros de todas as espécies continuam evoluindo e, mais do que isso, que seu ritmo de evolução é tanto mais rápido quanto mais desenvolvidos eles estejam.

Somente essa percepção é que seria capaz de explicar, com clareza, por que as aptidões dos lagartos evoluíram tão pouco em milênios, quando comparadas com as aptidões dos mamíferos e, particularmente, do homem.

Parece muito claro que o uso das aptidões cerebrais encontra-se em aceleração progressiva.

O ritmo das invenções e descobertas científicas, entrando em escala exponencial, é a melhor evidência disso.

O homem está aprendendo a usar sua mente. Cada vez com maior velocidade. E criando novas necessidades de expansão real de sua capacidade.

(Fonte: *Dominando os Poderes da Mente*, Roberto Lira Miranda, Makron Books, 1995.)

## A ARTE DE VIVER

VOLTAIRE (François-Marie Arouet)
- Filósofo, escritor e poeta francês. Foi um reformador envolvido, também, com a política. Era, por vezes, espirituoso e maldoso em suas críticas à Corte francesa. Devido a essas críticas esteve na Bastilha, prisão política muito temida na França. Segundo consta, o pseudônimo "Voltaire" foi adotado após sua saída da Bastilha. Escreveu muitas obras, e entre elas a mais famosa é *Cândido* (1694 - 1778).

> **A imaginação, que é dom de Deus, talvez seja a única faculdade que possuímos para compor idéias.**

**A ARTE DE VIVER**

# Cultivar Bons Pensamentos

*Frei Anselmo Fracasso*

O hábito de acolher e alimentar bons pensamentos enriquece a mente e cria condições para que o bem possa tornar-se uma realidade permanente.

Mantenha a mente lúcida e repleta de bons pensamentos; o mau pensamento é um terrível veneno que contamina a fonte da alegria, assim como os ácidos poluem as fontes das águas.

Pensar sempre positivamente é a melhor maneira de afastar os maus pensamentos. Um bom pensamento é uma lâmpada que ilumina; os maus pensamentos são sempre donos das trevas.

Não posso deter a força do vento, mas posso defender-me contra ele. Não posso impedir que os maus pensamentos batam à minha porta, mas posso impedir que se instalem dentro de mim.

Revolver o passado negativo, remoendo-o com amargura, destrói a alegria do momento presente, afogando-nos num mar de azedume. A maneira mais fácil de combater um pensamento de tristeza é substituí-lo por um de alegria, focalizando, sempre, o lado bom da vida.

(Fonte: *A Arte de Viver Feliz*, Frei Anselmo Fracasso, Editora Vozes, 1995.)

## A ARTE DE VIVER

CONFÚCIO (Kung-Fu-Tse) - Filósofo e sábio chinês, nascido na província de Lu. Contemporâneo de Lao-tsé. Ocupou o cargo de Ministro de uma cidade chinesa, ocasião em que divulgou sua filosofia. Por defender os pobres e miseráveis com suas idéias filosóficas, foi mal interpretado e rejeitado até mesmo pelo povo. Seu valor só foi reconhecido após sua morte (551 - 478 a.C.).

> Se eu tivesse que escolher uma frase que resumisse todos os meus ensinamentos, eu diria: "Não deixes o mal dominar os teus pensamentos."

## A ARTE DE VIVER

# A Lei da Mente

*Louise L. Hay*

Existem leis naturais, como a da gravidade e outras da física e química, cuja maioria sou incapaz de compreender. Mesmo assim, tiro partido delas. No caso da eletricidade, por exemplo, não conheço suas leis, mas o importante é que, quando aperto o botão, a luz se acende. Existem, também, leis espirituais como a da causa e efeito, que diz: "Tudo aquilo que se faz volta". Há, ainda, uma lei da mente que afirma que, quando pensamos ou dizemos alguma coisa, as palavras ou sentenças saem obedecendo a uma certa lei (não sei exatamente como ela funciona, mas é uma realidade) e voltam para nós sob a forma de uma experiência.

Atualmente, estamos começando a entender a relação entre o mental e o físico. Estamos aprendendo que os pensamentos têm o poder de criar e que devem ser moldados para que dêem origem a coisas boas. No entanto, como os pensamentos passam rápido demais pela mente, é muito difícil dar-lhes forma antes que surjam. A emissão de palavras, contudo, é bem mais vagarosa e podemos usá-la para moldar os pensamentos. Se começarmos a prestar atenção ao que dizemos, não permitindo que palavras negativas passem por nossos lábios, conseguiremos dirigir melhor os pensamentos.

Existe um poder imenso nas palavras faladas, mas poucos de nós têm consciência dele. As palavras devem ser consideradas os alicerces daquilo que construímos na vida. Usamos palavras o tempo todo e raramente pensamos no que como e dizemos. Como prestamos pouca atenção à nossa escolha de palavras, a maioria de nós fala muito com negativas.

Quando eu estava no primário, ensinaram-me gramática e aprendi a escolher as palavras de acordo com as regras da língua. Todavia, essas regras são muito variáveis e o que é adequado em uma determinada hora pode não sê-lo em outra. Além disso, até mesmo a língua muda. Uma palavra que no passado era gíria pode se transformar em um termo de uso comum no presente. A gramática não leva em conta o significado real das palavras e o modo como elas podem afetar a vida de alguém.

Por outro lado, na escola ninguém me ensinou que aquilo que eu deixava sair sob a forma de palavras voltaria para mim sob a forma de experiências. Ninguém me ensinou que meus pensamentos tinham a capacidade de criar, que eles podiam literalmente moldar minha vida. Claro que ouvi com bastante freqüência a frase: "Não faça aos outros o que não quer que lhe façam", mas ela era apresentada de maneira a criar culpa, e não me foi ensinado seu verdadeiro sentido: "Aquilo que você deixa sair acaba voltando". Ensinaram-me muitas coisas, mas ninguém me explicou que eu era digna de amor e merecia todo o bem. Ninguém me ensinou que a vida está sempre pronta a me apoiar.

Lembro-me de que, em minha infância, eu e meus coleguinhas estávamos sempre xingando uns aos outros, pondo apelidos desagradáveis e tentando nos humilhar de alguma forma. Por que agíamos assim? Onde aprendemos um comportamento tão cruel? Agora sei que isso era resultado do modo como fomos criados. A grande maioria de nós ouvia seus pais dizerem que éramos burros, vagabundos ou sem-vergonha. Ouvíamos constantemente que dávamos muito trabalho e não éramos bons o bastante. Com toda a certeza eu e os outros estremecemos ao ouvir essas palavras negativas, mas não tínhamos consciência em que a profundidade da mágoa e a dor ficariam gravadas em nós.

(Fonte: *O Poder Dentro de Você*, Louise L. Hay, Círculo do Livro, 1992.)

## A ARTE DE VIVER

SIGMUND FREUD - Psiquiatra, nascido em Příbor, na República Icheca. Interessou-se por neurologia e hipnotismo e inovou, com suas experiências, no campo psicológico e neuropsiquiátrico. Suas revolucionárias teorias sobre a influência dos impulsos sexuais no comportamento psicológico e na personalidade do indivíduo foram muito polêmicas na época. Fundador da *psicanálise*. Escreveu dezenas de obras, entre as quais *Interpretação dos Sonhos* (1856 - 1939).

**Para mim, a imaginação criadora e o trabalho andam de mãos dadas.**

## A ARTE DE VIVER

# As Potencialidades do Cérebro

*Abel B. da Silva*

Alguns cientistas dizem que a pessoa comum usa menos de 5% de sua capacidade cerebral. E os outros 95%? Desde pequenos fomos educados somente através da visão e conhecimento objetivos. Desenvolvemos somente a percepção e faculdades objetivas dos cinco sentidos. Nós nos condicionamos a conviver dentro do círculo limitado dessas faculdades.

Sabemos hoje que o cérebro é dividido em duas partes, chamadas hemisférios. O hemisfério esquerdo é responsável pelo funcionamento das faculdades objetivas, enquanto o *hemisfério* direito é responsável pelo funcionamento das faculdades e percepções subjetivas. Como desde pequenos fomos treinados a multiplicar, calcular, raciocinar, planejar e desejar objetivamente, é claro que só poderíamos desenvolver o hemisfério esquerdo. O hemisfério direito ficou sem funcionamento, e como todos sabem, um órgão ou mecanismo sem funcionamento atrofia.

Ainda é muito nítida essa visão objetiva entre as pessoas. Quando se fala sobre clarividência, intuição, lampejos e conjuntos de faculdades subjetivas, algumas pessoas olham com desconfiança. Só mudam de opinião quando essas experiências acontecem em suas próprias vidas.

Quanto mais praticarmos a meditação com o relaxamento profundo, e quanto mais treinarmos nossas faculdades subjetivas nos deliciando com a paz obtida da meditação, melhor notaremos que, por meio do processo energético resultante da alta voltagem cerebral e energização em todo o corpo, nossa vida começará a mudar para melhor em todos os aspectos, independente de nossa condição atual.

O treinamento diário de nossas faculdades subjetivas desenvolverão a grande porcentagem atrofiada de nosso potencial cerebral (os 95% estimados pelos cientistas).

(Fonte: *O Poder da Mente em Ação*, Abel B. da Silva, Edições Paulinas, 1985.)

## A ARTE DE VIVER

HUBERTO ROHDEN
- Filósofo e educador brasileiro. Nasceu na cidade de Tubarão, Santa Catarina. Escreveu cerca de 50 obras sobre religião, ciência e filosofia. Em Princeton conheceu Einstein, quando lançou os alicerces para o movimento mundial da Filosofia Univérsica.
É biógrafo de Einstein, Gandhi, Pascal, Jesus de Nazaré, Paulo de Tarso, entre outros. Seu livro mais famoso é *De Alma para Alma* (1893-1981).

> *Teu pensamento é certo quando se harmoniza com o teu ser.*

## A ARTE DE VIVER

# Cultive Pensamentos Positivos

*Iran Ibrahim Jacob*

Evite as pessoas de pensamentos negativos. Elas poderão influenciá-lo e tirá-lo do bom caminho.

Quando conhecer alguém assim, tente mostrar-lhe os benefícios do pensamento positivo. Convença-o de que os pensamentos negativos corroem os ideais.

Ajude seu irmão a progredir, mas jamais permita que ele o influencie. Oriente-o e mostre-lhe a força que ele é capaz de produzir, cultivando o pensamento positivo.

Se ele persistir no erro, você terá, pelo menos, a consciência tranqüila por ter tentado ajudá-lo.

(Fonte: *Momentos a Sós*, Iran Ibrahim Jacob, Editora Vozes, 1996.)

> O início de um hábito é como um fio invisível; a repetição reforça o fio até que o cabo nos prende de forma irremediável no pensamento e ação.

O. S. Marden
*(Escritor norte-americano)*

## A ARTE DE VIVER

# Como Criar os Quadros Mentais

*Claude M. Bristol*

*Olhe para o seu interior. Nele está
a fonte do bem que sempre borbulhará
se Você a escavar.*

Antigo Adágio

Antes que realmente possa alcançar, controlar e dirigir "aquela coisa", Você necessita saber exatamente como a sua mente funciona. Este poder criador é a parte mais importante da mente, porém, é fugidio, intangível e difícil de entrar em contato conscientemente, até que Você adquira compreensão interior da sua consciência.

Você sabia, por exemplo, que na realidade o seu pensamento não é em palavras, mas em imagens mentais? É por isso que, se Você pensa em quadros mentais e não em palavras, sua mente, no seu funcionamento "mecânico", não opera de maneira diferente da do Homem Primitivo de milhares de anos atrás.

Ele também pensava por quadros mentais, antes do aparecimento da linguagem. Quando saía do seu lar-caverna para a caça e retornava à tribo, a única maneira pela qual podia transmitir aos seus companheiros o que acontecera era por meio de rudes desenhos a giz ou a buril nas paredes de sua caverna.

Gradualmente, como o homem primitivo fizesse repetidos desenhos de experiências similares e associasse sons a certos objetos e acontecimentos, bastava-lhe principiar um quadro familiar e já os espectadores sabiam, instantaneamente, o que ele queria dizer. Como conseqüência, esses antigos quadros foram reduzidos a símbolos, os símbolos agrupados tornaram-se letras e finalmente sentenças, e a primeira linguagem nasceu.

Porém, mesmo com a nossa tão gabada civilização de hoje, com todas as línguas que dela evoluíram, com o enorme vocabulário que o homem moderno possui para descrever os seus sentimentos, as suas idéias e o mundo ao seu redor, ele basicamente ainda pensa por quadros mentais. Posso, com facilidade, provar isso.

Com calma pense em alguma experiência fora do normal pela qual Você haja passado hoje. À medida que a recorda, veja com os olhos da mente os quadros nos quais Você aparece fazendo alguma coisa, estando em algum lugar, encontrando alguém — seja qual for o incidente que tenha havido. Porém, Você se encontra impossibilitado de me transmitir o que aconteceu até que procure as palavras, símbolos destes acontecimentos, quando então Você poderá relatá-lo. Eu, por minha vez, à medida que escuto as suas palavras, preciso traduzi-las em quadros diante dos próprios olhos da minha mente para que possa ver e compreender o que Você experimentou.

Portanto, está claramente evidenciado que Você basicamente pensa, como já disse, através de quadros. Este é um dos mais importantes fatos a respeito da mente, que Você jamais poderia aprender. O próximo fator importante é: o quadro mental formado, uma vez unido à força criadora interior, pode atrair a Você aquilo que temer ou desejar.

(Fonte: *TNT Nossa Força Interior*, Claude M. Bristol e Harold Sherman, Editora Ibrasa, 1980.)

## A ARTE DE VIVER

WILLIAM JAMES
- Psicólogo e filósofo norte-americano, nascido em Nova York; irmão do romancista Henry James. Estudou, em Harvard, química, anatomia e medicina e, posteriormente, psicologia e filosofia, sendo que, nesta última, destacou-se internacionalmente, escrevendo uma filosofia realística. É considerado um dos "pais" do pragmatismo (1842 - 1910).

"

Habitualmente as pessoas usam apenas uma pequena parte dos poderes mentais que possuem, e que poderiam usar, sob circunstâncias adequadas.

"

## A ARTE DE VIVER

# Como Gerar Força Cerebral

*Walter M. Germain*

É o cérebro que distingue o Homem de todas as demais criaturas. E o Homem progrediu no curso de milhares de gerações até atingir à idade de ouro da civilização grega. Mas esse povo, de quem se diz que tinha palavras para tudo, chamava o cérebro de, simplesmente, "a coisa na cabeça".

Para os gregos, o cérebro carecia de importância. Procurando o lugar onde se localizava a mente, os sábios da antiga Grécia decidiram-se pelo *plexo solar*. Pareceu-lhes que os movimentos ritmados do diafragma estavam intimamente associados ao que parecia com aquilo que era o seu conceito do espírito.

Passaram-se dois mil anos antes que a importância do cérebro se sobrepusesse à ignorância que o homem tinha de si mesmo. Quando os anatomistas descobriram o cérebro, já se acreditava que este seria o possível reservatório secreto da inteligência. À aquela altura, os pensadores mudaram a morada do espírito, do diafragma para a cabeça. Shakespeare, escrevendo sobre o cérebro, chamou-o de "aquilo que alguns presumem ser a frágil habitação da alma".

Mas o anatomista pouco mais podia fazer do que pesar o cérebro. Descobriu que a "massa cinzenta" do homem pesava cerca de 1,45 quilogramas; da mulher 1,25 quilogramas. Fez desenhos da complexa série de nervos e células que seu bisturi punha à mostra.

Foi só pelos fins do século XIX que se começou a ter um conhecimento mais acurado do cérebro. Dois oficiais médicos do exército prussiano, andando entre os mortos no campo de batalha de *Sedan*, em 1870, tiveram a brilhante, embora tétrica, idéia de experimentar o efeito da corrente elétrica no cérebro exposto de alguns cadáveres.

Começaram aí as primeiras experiências médicas que levaram à descoberta do que é, realmente, o cérebro. É singular que, em toda a história do homem e de suas miraculosas realizações, só nos últimos oitenta e poucos anos se tenha cogitado, seriamente, sobre as complexidades desse maravilhoso *dom de ouro*, o cérebro.

O homem tem, na realidade, dois cérebros. Eles, porém, não são como os cérebros de uma espécie de dinossauro que viveu há milhões de anos. Tinha o enorme animal um pequeno cérebro na cabeça e outro na base da espinha, e assim podia dirigir seu corpanzil sem sobrecarregar o cérebro "de cima".

Os dois cérebros do homem estão lado a lado. Um é apenas o desdobramento do outro. À medida que o homem cresceu emocionalmente, que aprendeu a raciocinar e a pensar, desenvolveu-se em seu cérebro uma nova seção.

É a imaginação do homem — produto do cérebro desenvolvido — que lhe permite meditar sobre as coisas antes de as executar. O ser humano, se descobrir que está errado, pode evitar o erro. Pode abandonar a idéia e experimentar outra maneira de resolver o problema.

(Fonte: *O Mágico Poder de Sua Mente*, Walter M. Germain, Bestseller, 1970.)

## A ARTE DE VIVER

EMERSON (Ralph Waldo) - Ensaísta, conferencista, filósofo e poeta norte-americano, nascido na cidade de Boston. Estudou em Harvard com a perspectiva paterna de se tornar ministro religioso. Por algum tempo, Emerson exerceu a função de pastor em sua cidade natal. Contudo, uma divergência doutrinária fê-lo desistir e retirar-se da igreja. Desenvolveu a *filosofia transcendentalista*, exposta em suas obras: *Natureza e Sociedade* e *Solidão*, entre outras. Segundo consta, o transcendentalismo exerceu grande influência sobre a vida intelectual norte-americana do século XIX (1803 -1882).

"
**Os pensamentos governam o mundo.**
"

**A ARTE DE VIVER**

# Todos os Recursos de que Precisa encontram-se em Sua Mente

*Norman Vincent Peale*

Todos os recursos de que precisamos encontram-se em nossa mente. Eles repousam em nosso consciente à espera de serem mobilizados.

Jamais olvidarei a ocasião em que descobri isto. Foi-me necessário uma dura crise para que dela emergisse com uma verdade que, desde então, me vem sendo de inestimável valia. Ainda muito jovem, recém-saído da faculdade, vi-me certo dia numa dificuldade que exigia raciocínio rápido.

Foi alguns anos após a Primeira Guerra Mundial. Na qualidade de capelão da Legião Americana, fui solicitado a fazer uma prece durante uma celebração do *Memorial Day*, numa tarde de domingo em Prospect Park, no Brooklin.

Esperava-se grande comparecimento de ouvintes, mas calculei que daria conta das poucas linhas de uma prece, malgrado a minha pouca idade e falta de experiência. Não esperava, porém, que fosse tão grande o número de pessoas presentes, nem que eu me visse a braços com uma inesperada situação. Aproximando-me da dita área de Prospect Park,

indaguei de um policial quantas pessoas havia ali.
— Oh — respondeu ele, — cerca de 50 mil.

Dirigi-me à plataforma e apresentei-me ao principal orador do dia, o filho do ex-Presidente da República, Coronel Theodore Roosevelt Júnior, que, posteriormente, na Segunda Guerra Mundial, com o posto de general, morreu nas praias da Normandia. Informei-lhe que fora designado para dizer uma prece.

Sentei-me, apanhei um programa e pus-me a examiná-lo. Consternado, verifiquei que não estava escalado para fazer prece alguma. Acreditem ou não, cabia-me fazer um discurso, imediatamente, antes da fala do Coronel Roosevelt. Dizia o programa: "Dircurso por Norman Vincent Peale, Capelão da Legião Americana no Condado de Kings". Engoli em seco. Gelei. Não tinha preparado discurso algum. O que fazer?

Corri ao mestre de cerimônias e disse-lhe: — Houve um grave engano. Pediram-me apenas para dizer uma prece, mas veja o que diz o programa: designaram-me para fazer um discurso.

— Bem — disse ele com muita naturalidade, — se lhe deram um discurso, terá que fazer um discurso.

— Mas — protestei — não é possível. A gente tem que estar preparado para fazer discursos; e eu não estou. É simplesmente impossível. Além do mais, veja que multidão. Alguém vai ter que falar em meu lugar.

O Coronel Roosevelt, que tinha entreouvido a conversa, lançou-me um olhar avaliador:

— O que é que há, filho? Está com medo?

— Com medo? Isso não é nem a metade! — confessei com toda a franqueza.

— Uma multidão destas é o bastante para me apavorar! De qualquer forma, como poderei improvisar um discurso nos próximos minutos? Esta não estava no meu programa.

— Pode sim — respondeu o Coronel. — E eu lhe digo como. Para começar, pare de dizer a si mesmo que está com medo e comece a pensar corajosamente. Tenha confiança em si. E mais ainda: sugiro que pare de pensar em si. Venha aqui um instante.

Ele conduziu-me até a frente da plataforma e apontou para um amplo local com lugares reservados ocupados por mulheres.

— Sabe quem são essas mulheres? — perguntou. — São as Mães de Guerra. Vale dizer, cada uma delas perdeu um filho na guerra. E aqui comparecem esta tarde pensando nos amados filhos que já não estão com elas. Talvez estejam recordando os dias em que seus filhos eram ainda menininhos e precisavam ser levados pela mão, ou, quem sabe, postos na cama. Elas sentem saudades dos filhos. Sofrem. Sentem-se sós e tristes. Não há nada que queira dizer a estas mães? Decerto é capaz de amá-las. Esqueça-se de si e comece a sentir piedade por essas maravilhosas mulheres. Depois fale só para elas. Esqueça o resto da multidão. O que disser a estas mulheres atingirá a todos. E você é capaz disso — prosseguiu o Coronel. E depois veio aquela poderosa declaração que nunca mais esqueci. — Escute, Norman, todos os recursos de que precisa encontram-se em sua mente. Basta lançar mão deles. O discurso está aí dentro da sua mente. Tenha calma. Comece a pensar, e as palavras virão.

E rematou com duas palavras: — Tenha coragem. — Depois deu-me uma palmada afetuosa nas costas.

Respirei fundo e disse: — Está bem, Coronel. Vou tentar. Mas vai ser um discurso bem curto.

— Quanto mais curto, melhor. Mas entregue-se de corpo e alma a ele. Envie amor a essa gente e sacudirá de si essa sensação de medo.

De modo que fiz o meu pequeno discurso. Quando terminei, o Coronel inclinou o corpo e deu-me uma palmada no joelho. — Grande, menino! Acertou na mosca!

Estou certo de que não foi nada extraordinário e de que não acertei na mosca, mas, evidentemente, desde então, recordo-me com carinho desse grande homem.

Num ponto ele estava certo. Quando nos fiamos na mente, ela nos atende, sobretudo se colocarmos nela alguma coisa. E isso é duplamente verdadeiro quando nos esquecemos de nós mesmos e fazemos um esforço sincero no sentido de tornar mais feliz a vida alheia.

Esqueça-se de si! Pense corajosamente. Acredite que todos os recursos de que necessita encontram-se na sua mente. Essa é uma fórmula que funciona; realmente funciona.

(Fonte: *Você Pode, se Acha que Pode*, Norman Vincent Peale, Editora Pensamento - Cultrix, 1981.)

## A ARTE DE VIVER

**NORMAN VINCENT PEALE** - Pastor e escritor norte-americano, nascido em Ohio, nos Estados Unidos. Foi chamado de ministro de "milhões de ouvintes" e doutor em "terapêutica espiritual". Autor de duas dezenas de livros, inclusive do *best seller* mundial *O Pensamento Positivo*. Pregador espiritual, propagou seus ensinamentos em de programas de rádio e televisão (1898 - 1991).

**"**

Quando o quadro mental é sustentado com bastante força, realmente pode controlar as condições e circunstâncias.

**"**

## A ARTE DE VIVER

# Pensamento e Sentimento

*Huberto Rohden*

Tudo na vida opera sob o signo do pensar e sentir. Aquele é luz, este é força.

A luz mostra o caminho — a força põe em movimento.

Pensar sem sentir é fraqueza — cria teoristas.

Sentir sem pensar é cego — cria fanáticos.

Pensar e sentir é um poder luminoso, uma luz poderosa — cria o homem cósmico.

(Fonte: *Ídolos ou Ideal?*, Huberto Rohden, Editora Martin Claret, 1990.)

> "Preocupe-se mais com o seu caráter do que com sua reputação; porque o caráter é o que você é; e a reputação é o que os outros pensam de você."

John Wooden

## A ARTE DE VIVER

# Desenvolvendo seus Poderes Extra-sensoriais

*Joyce Garcia*

Quem não se lembra de um rapaz alto, magro, de boa aparência, que apareceu na década de 1970 em programas de televisão no mundo inteiro, entortando garfos e facas, consertando relógios e rádios defeituosos, pelo poder da mente? Seu nome era Uri Geller, um jovem israelense que tentava convencer o mundo inteiro dos seus poderes paranormais. Lembro, naquela ocasião, quando ele esteve no Brasil, que o apresentador do programa em que ele se apresentou fez uma pergunta direta e objetiva, sobre o provável ganhador de um jogo de futebol que ocorreria no dia seguinte entre Vasco e Flamengo. Uri Geller, depois de pensar por alguns minutos, disse: "Vejo o Vasco ganhando a partida com facilidade." E de fato foi o que aconteceu. No dia seguinte à previsão do paranormal, o Vasco ganhou do Flamengo de 3 a 0, com relativa facilidade, embora não fosse esse o resultado esperado pelo matemático Oswald de Souza, que previa a vitória do Flamengo ou um empate dos dois times.

Depois de alguns anos, noticiários do mundo inteiro tentavam desmistificar o poder de Geller, afirmando ser ele um charlatão e mágico de circo.

Laboratórios científicos convidaram-no a provar em experiências controladas seus poderes mentais. Os mais sofisticados laboratórios de pesquisas paranormais do mundo queriam testar Uri Geller, e ainda hoje, ninguém chegou a uma efetiva conclusão sobre ele e seus pretensos poderes.

Seja uma farsa ou não, Uri Geller fez algo de grande importância para o mundo naquela época, que foi o despertar para o nosso poder interior. Muitas pessoas passaram a acreditar que não eram meras máquinas devoradoras de alimento, ou animais dotados de razão. Passaram a admitir que dentro do cérebro humano certamente existem forças adormecidas, insuspeitáveis, as quais podem ser utilizadas para benefício e evolução do homem.

O corpo material não é o organismo grosseiro que se imaginava antigamente. Ele agora é citado como "máquina eletroquímica" de grande sensibilidade. Há alguns anos, os cientistas pensavam que a assim chamada *alma* fazia parte do corpo e morria com ele. Hoje não têm tanta certeza sobre este fato.

Na verdade, muitos cientistas concluíram que a inteligência — a consciência — pode não ser parte do corpo, mas simplesmente se manifestar através do corpo. Imagine a si mesmo, como um morador provisório, morando na magnífica casa que é seu corpo, adquirindo experiência e expandindo sua alma ou consciência por meio desta experiência enquanto estiver aqui, e partindo finalmente desta casa quando estiver estragada ou sua utilidade estiver esgotada.

Fantástico? Nada é fantástico nesta era espacial e cibernética em que estamos. O que a mente do homem pode imaginar, pode, também, realizar.

O homem tem desejado a imortalidade desde que tem existência neste planeta. Em todas as religiões do mundo, canções, artes e poesia existe a grande aspiração da imortalidade da alma ou mesmo do corpo. Agora está ficando cada vez mais patente que o homem tem sentidos além dos cinco conhecidos, e que existem poderes maravilhosos em nosso cérebro que transformam um simples mortal num super-homem. O próprio Cristo parecia saber desta verdade quando falou textualmente aos que o ouviam numa de suas pregações: "Vós sois deuses."

Quanto você já sabe sobre sua mente subsconsciente? Sabe que é o mecanismo mais notável do universo? *Mecanismo* talvez não seja a palavra certa, mas é preciso dar-lhe um nome qualquer. Opera com a precisão de um relógio, se você o dirigir com propriedade. Se você tivesse um criado que confiasse em você irrestritamente e seguisse cada ordem sua em todos os pormenores, trouxesse para você tudo o que imaginasse, fosse bom ou mau para você, teria uma pequena amostra do que o seu subconsciente faz.

Parece que estou repetindo sempre esta frase, mas não pense que o faço distraidamente. Minha idéia é, de fato, fazer você conscientizar-se plenamente desta verdade. Todas as vezes que a repito, sua mente subconsciente apreende e toma como verdadeiro, e passa a modificar a sua vida. Seu subconsciente armazena informações e sensações totais que chegam até você pelos órgãos dos sentidos. Todas as coisas que você viu, ouviu, tocou ou sentiu estão arquivadas em seu subconsciente, quer você tenha consciência disso ou não.

A parte mais obscura da sua mente talvez seja

de fato o subconsciente, uma vez que descobriu-se ser ele dotado de sentidos extrafísicos. Descobriu-se que o subconsciente não é limitado pelo tempo ou pelo espaço, assim como são os nossos cinco sentidos físicos. Ele é uma usina de energia que avança para o universo e lhe traz uma série de conhecimentos que você jamais poderia conseguir exercitantes sua mente consciente.

(Fonte: *Como Ativar, Desenvolver e Usar o Poder Subconsciente da sua Mente*, Joyce Garcia, Ediouro, 1990.)

## A ARTE DE VIVER

DA VINCI (Leonardo) - Pintor, escultor, inventor e engenheiro. É considerado, juntamente com Maquiavel, um dos maiores personagens do Renascimento. Nasceu em Vinci, na Itália.
Um dos grandes expoentes das artes renascentistas. Entre suas obras artísticas está a *Gioconda* (*Mona Lisa*), mulher de sorriso indefinível. Compõe a galeria dos grandes gênios de todos os tempos (1452 - 1519).

> *Quem pouco pensa, muito erra.*

## A ARTE DE VIVER

# O Poder da Mente em Perspectiva

*Dr. Vernon Coleman*

A força do poder da mente repousa em sua simplicidade. O objetivo está em vencer os poderes causadores de enfermidades, e em seguida transformar tais poderes em produtores de boa saúde. Você não pode modificar sua personalidade, e pode ser que não consiga mudar as circunstâncias, mas é capaz de modificar a maneira pela qual você permite que sua personalidade e meio ambiente interajam; esta é a força simples do poder da mente.

Siga a filosofia do poder da mente e você se beneficiará de duas formas distintas: quando estiver bem, terá menos probabilidades de adoecer; e quando estiver enfermo, terá mais probabilidade de se curar.

Acho importante salientar dois pontos. Primeiro: o poder da mente não é uma alternativa à medicina ortodoxa. Espero que ele acabe por encorajar os pacientes a pensar na saúde de maneira inteiramente diferente. Acredito que nós, como indivíduos, devemos assumir maior responsabilidade sobre nossos corpos e mentes. Mas o poder da mente não substituirá o tratamento médico. Sempre haverá lugar para os médicos e agentes de cura; eles são necessários como técnicos; serão convocados como assistentes e ajudantes na luta pela boa saúde e felicidade. O poder da mente oferece um novo enfoque, uma nova filosofia uma nova dimensão e uma nova prioridade.

Segundo: o poder da mente é essencialmente uma filosofia, destinada ao indivíduo. Quando comecei a falar sobre a idéia do poder da mente, fiquei satisfeito ao perceber que a idéia foi aceita com tremendo entusiasmo por quase todos com quem entrei em contato. Ao mesmo tempo, contudo, fiquei horrorizado quando várias pessoas quiseram transformar o poder da mente em uma forma efetiva de "medicina alternativa". Dois indivíduos desejavam lançar uma cadeia de clínicas de poder da mente em toda a Inglaterra — com Vernon Coleman como guru permanente. Outro mais ambicioso queria uma cadeia de clínicas em todo o mundo.

Eles não compreenderam. O poder da mente oferece uma oportunidade para você, leitor, assumir o controle de sua vida, cuidar de seu destino médico e recuperar parte da responsabilidade que, nos últimos anos, vem sendo usurpada de você por médicos tradicionais.

Não haverá clínicas, produtos ou profissionais de controle da mente. O poder da mente é uma idéia, um enfoque e uma filosofia de vida. Nada mais nada menos. Mas espero que ele seja capaz de mudar sua vida.

(Fonte: *O Poder da Mente*, dr. Vernon Coleman, Imago Editora, 1988.)

## A ARTE DE VIVER

JOAQUIM NABUCO - Jornalista, escritor, político, advogado e diplomata brasileiro, nascido em Recife. Defensor da abolição da escravatura e jornalista combativo. Foi colaborador de vários jornais da época e fundador da *Tribuna Liberal*. Na política destacou-se no Poder Legislativo e foi deputado. Como diplomata intermediou várias questões importantes entre o Brasil e outros países. Em 1906, presidiu a delegação brasileira na III Conferência Pan-Americana. Foi, também, um dos fundadores da Academia Brasileira de Letras (1849 - 1910).

**"**

> A imaginação do homem é um facho divino, apenso ao espírito, que lhe permite mover-se nas trevas da criação.

**"**

## A ARTE DE VIVER

# A Cura pelo Pensamento

### Sheila Ostrander

O dr. Lozanov instituiu um programa de "cura mental" em larga escala nas clínicas médicas búlgaras.

— Os seus pensamentos "alimentam" a doença, — diz Lozanov. — As vidas de muitas pessoas estão cheias de medo... medo da morte, medo de catástrofes, medo de doenças, medo da vida, medo do medo. [...] Pouquíssimos dentre esses medos realmente se justificam. O medo cria tensão e envenena o clima da nossa vida. A vida deveria ser um fluxo ininterrupto de felicidade. Mas não poderemos ser felizes enquanto estivermos fanaticamente apegados a coisas que, mais cedo ou mais tarde, teremos de perder.

Acreditava Lozanov que o segredo da saúde física e da longevidade residia não só no exercício e no estado físico do corpo, mas, também, na constituição psicológica do indivíduo. O seu sistema de terapêutica mental visa a construir uma sólida barreira psicológica contra a doença no espírito do paciente. A base do seu sistema de cura é a *ioga*.

A ioga fala de uma energia vital chamada "Prana", que circula pelo corpo, e sustenta que o pensamento pode dirigir essa energia, exatamente como o pensamento dirigiu a energia fotografada pelos Kirlians. Dizia o dr. Lozanov:

— Os "milagres" que um iogue realiza tem a sua explicação no papel vital desempenhado pelo córtex cerebral e pela força do pensamento ou sugestão: o iogue pode anestesiar-se usando o pensamento, ajudar a deter o fluxo de sangue, simular a morte, afetar as paredes do coração, a pressão sangüínea, o metabolismo respiratório, etc.

Ele explicou que a interação dos pensamentos do iogue com o seu corpo determina a saúde, a paz de espírito e a longevidade. Se uma pessoa sofre de uma doença, não deve pensar nela com terror, porque os seus pensamentos de medo a agravarão ainda mais. Para ajudar a restaurar o equilíbrio físico e mental do paciente, Lozanov não começava tentando remover qualquer sintoma específico, mas aplicava o princípio iogue de relaxamento profundo, para suprimir a tensão e o medo.

— É menos importante curar do que ensinar a arte de viver — dizia ele.

No Sanatório do Sindicato em Bankya, na Bulgária, uma típica sessão de grupo de cura mental começava com Lozanov explicando como era possível à mente ajudar o corpo a sarar. A seguir, a voz calma e melodiosa do psicoterapeuta se dirigia aos pacientes descontraídos, mas plenamente despertos: "Relaxem! Profundamente, profundamente... Não há nada que os perturbe. Todo o corpo está relaxado. Todos os músculos estão descansando. Vocês são capazes de superar todas as dificuldades". Depois de 20 minutos de sugestão positiva, enquanto os pacientes se relaxavam, Lozanov concluía: "Vocês se sentem completamente bem. Dormem bem; têm bom apetite".

Finalmente, um cantor iniciava a recitação melódica de uma poesia apreciada por todos. "É importante visarmos a um objetivo elevado, que nos incite a atividades criativas", proclamava Lozanov. No dizer dos pacientes, as sugestões de cura pareciam prender a atenção dos pensamentos mais íntimos da pessoa.

Entre os doentes havia casos de indivíduos que sofriam de distúrbios funcionais do sistema nervoso, assim como de várias neuroses e alergias. Os funcionários do sanatório asseguravam que muitos se curavam depois de algumas sessões de padronização do pensamento positivo — o processo a que Lozanov dava o nome de "sugestologia". E citavam uma infinidade de casos. Tsonka M. sofria de uma neurose havia vários anos, que não cedera ao tratamento de uma série de médicos, mas, depois de umas poucas sessões de cura mental ou "sugestologia", ficou completamente boa. Dobrinka P. sofria de uma forma de diabete; bebia mais de 30 litros de água por dia. Depois de certo número de sessões psicoterápicas com a sugestologia, curou-se.

— Muitos antigos pacientes voltam especialmente ao sanatório para agradecer ao dr. Lozanov, — diziam os funcionários.

Lozanov começou essa forma de cura mental quando trabalhava no Departamento de Psiquiatria do Instituto Médico de Pós-Graduação, chefiado pelo Professor Emanuel Sjarankov. Afiançam os psicoterapeutas búlgaros que esse método de cura pode ser aplicado a inúmeros tipos de enfermidades. A sugestologia já é amplamente usada em muitas instituições neurológicas e psiquiátricas do país.

O dr. Lozanov acreditava que o seu método de terapia mental não é apenas um grande benefício para a psicoterapia, mas, também, um instrumento valioso para o cirurgião.

— A mente pode anestesiar o corpo, — dizia Lozanov. — A anestesia pela mente é superior ao emprego de drogas. Não somente torna a cirurgia indolor, como, também, diminui a perda de sangue, apressa a cicatrização da incisão, reduz o perigo de infecção e não tem efeitos pós-operatórios. A primeira operação importante realizada com o método da "anestesia pelo pensamento" de Lozanov realizou-se em Bykovo, na Bulgária, no dia 24 de agosto de 1965. Fez história no mundo médico.

O paciente, um professor de ginástica de 55 anos, entrou na sala de Lozanov.

— Ouvi dizer que o senhor é capaz de provocar a anestesia pela mente — disse ele. — Pois eu gostaria de experimentá-la em minha operação.

Lozanov já empregara esse método em intervenções cirúrgicas de menor importância — pequenas incisões e serviços de odontologia. Aquele paciente precisava de uma complexa cirurgia abdominal para eliminar uma grande hérnia inguinal. A operação seria difícil e duraria, pelo menos, uma hora. Lozanov concordou em fazê-la usando o pensamento como anestésico.

— Encontrei-me várias vezes com o paciente e expliquei-lhe o meu método. Descobri que ele era um homem muito culto. Contei-lhe que não se tratava de hipnose. "O senhor estará plenamente consciente durante toda a operação. Não é auto-sugestão. Eu o orientarei o tempo todo."

O dr. Ivan Kalpov e o dr. Vasily Tanev fariam a operação, que seria inteiramente televisionada e filmada para estudos médicos ulteriores. Lozanov explicou a sua técnica aos cirurgiões e as enfermeiras conduziram o paciente à sala de operações. Lozanov começou o trabalho de sugestão do paciente pelo pensamento.

Quando os cirurgiões fizeram uma incisão de 5 cm, que interseccionava a pele e os músculos subcutâneos, o paciente não sentiu nada, estava plenamente consciente e falou com calma às figuras mascaradas em torno da mesa. Em seguida, os cirurgiões cortaram o saco da hérnia e começaram a sutura. O paciente não se acovardou. Fez uma piada com o tinido metálico dos instrumentos. Depois se lembrou de cada fase da operação. Lozanov sugeriu que ele diminuísse o afluxo de sangue à área operada e não houve, virtualmente, perda de sangue. Sugeriu, depois que o corte foi costurado, que ele se cicatrizaria rapidamente e sem nenhuma infecção.

— Sinto-me muito bem — disse o paciente ao ser levado numa cadeira de rodas para a enfermaria.

— Não houve, virtualmente, dor alguma durante os 50 minutos que durou a operação, nem sequer depois da operação — disse o diretor do hospital, dr. M. Dimitrov. — As incisões feitas nesse homem cicatrizaram-se muito mais depressa do que habitualmente.

Essa operação, que utilizou a anestesia sugestiva (e não a hipnose, insistem eles) de Georgi Lozanov, foi para o cabeçalho dos jornais nos países do bloco comunista. Fazia muito tempo que estavam familiarizados com o emprego da hipnose em medicina, mas isso era diferente. Médicos estrangeiros, sobretudo da Polônia, acorreram à Bulgária a fim de investigar e aprender as técnicas da sugestologia médica. A partir de então, muitas operações se realizaram usando o método de Lozanov da psicoanestesia em pacientes plenamente conscientes.

— Acreditamos que a técnica da sugestão em estado de vigília continuará encontrando um lugar cada vez mais amplo e útil na prática da medicina — diziam os búlgaros.

O emprego da sugestologia na psicoterapia e na medicina, feito por Lozanov, despertou críticas — sobretudo no tocante à operação de hérnia.

— Houve uma comissão, — disse Lozanov com um sorriso. — Cerca de mil médicos assistiram a uma conferência para ver os filmes da operação, analisar e discutir o procedimento cirúrgico. No fim das discussões, apresentei o paciente aos circunstantes. Ele disse-lhes o quanto ficara satisfeito. Três anos depois, continua em esplêndidas condições. Que poderiam dizer a esse homem os médicos que se opunham a esse método?

O filme da operação e um relatório sobre ele também foram apresentados num congresso médico internacional, celebrado em Roma, em setembro de 1967.

(Fonte: *Experiências Psíquicas Além da Cortina de Ferro*, Sheila Ostrander e Lynn Schroeder, Editora Pensamento - Cultrix, 1980.)

> "Toda a nossa dignidade consiste no pensamento. Cuidemos, pois, em bem pensar; eis o princípio da moral."

*Pascal*

## A ARTE DE VIVER

# A Fórmula Sagrada*

*Norman Vincent Peale*

Um homem abriu um pequeno negócio na cidade de Nova York uns anos atrás. Esse seu primeiro estabelecimento era, como ele mesmo o caracterizou, "um buraquinho na parede". Tinha apenas um empregado. Anos depois passaram para uma sala maior e, em seguida, para instalações mais amplas. O negócio coroou-se de êxito.

O método de negócio desse homem, conforme ele o descreveu, consiste em "encher o buraquinho na parede de orações e pensamentos otimistas". Declarou que o trabalho persistente, pensamentos positivos, operações lícitas, bom tratamento aos fregueses e modo apropriado de se fazer orações dão sempre resultado. Esse negociante, que tinha um espírito inventivo e extraordinário, elaborou sua própria fórmula, muito simples, para resolver seus problemas e vencer suas dificuldades por meio da força da oração. É uma fórmula curiosa, mas a tenho praticado pessoalmente, sei que surte efeito. Esta fórmula foi sugerida a muitas pessoas que também acharam o seu uso de real valor. Recomendo-a a você.

---

* Pela importância da mensagem contida neste texto, fizemo-lo constar, também, no livro *A Essência da Oração*.

Eis a fórmula: (1) Oração, (2) Imaginação, e (3) Realização.

Por "oração", meu amigo se referia a um sistema diário de orações criadoras. Quando surgia um problema, ele o analisava com Deus, fazendo suas orações de maneira simples e direta. Além disso, não conversava com Deus concebendo-o como uma sombra imensa e remota: concebia Deus como estando a seu lado, no escritório, em casa, na rua, no automóvel, sempre perto, como um sócio, como um companheiro muito íntimo. Levava a sério a injunção da Bíblia: "reze sem cessar". Interpretava-a como significando que devia debater com Deus, de maneira natural e normal, as questões que tinham de ser resolvidas e tratadas. A Divindade passou finalmente a dominar-lhe o subconsciente. "Orava" todos os dias. E o fazia quando passeava ou andava de carro ou quando exercia outras atividades cotidianas. Vivia sempre orando. Não se ajoelhava sempre para oferecer suas orações, mas costumava, por exemplo, perguntar a Deus como a um companheiro muito íntimo: "Que devo fazer sobre isso, Senhor?", ou "Lançai uma nova luz sobre este ponto, Senhor". Seu espírito estava embebido de orações, e ele as aplicava em suas atividades.

O segundo ponto de uma fórmula de oração criadora é a "imaginação". O fator básico na física é a força. O fator básico na psicologia é o desejo realizável. O homem que pressupõe o êxito tende a possuí-lo. As pessoas que pressupõem o fracasso acabam fracassando. Quando se imagina o fracasso ou êxito, um ou outro tende a tornar-se realidade em termos equivalentes ao que se imaginou.

Para assegurar que algo de valor aconteça, faça

suas orações e experimente se aquilo que deseja está de acordo com a vontade de Deus; imagine depois, firmemente, que o seu desejo vai se materializar. Continue a submeter à vontade de Deus o desejo que idealizou — isto é, coloque a questão nas mãos de Deus — e siga a orientação do Todo-Poderoso. Trabalhe árdua e inteligentemente, contribuindo, assim, com sua parte para a obtenção do êxito. Pratique a crença e continue a sustentar firmemente no pensamento o que imaginou. Faça-o e ficará surpreso com os caminhos estranhos pelos quais se materializará o seu desejo. É a "realização" daquilo que imaginou. Aquilo por que você orou e que imaginou se "realiza" de conformidade com o padrão de seu desejo quando subordinado ao auxílio de Deus e se, além disso, você se entregar inteiramente à sua realização.

Pratiquei, pessoalmente, esse método e o acho extraordinariamente eficaz. Foi sugerido a outras pessoas que, igualmente, informaram ter conseguido adquirir grande soma de energia criadora.

(Fonte: *O Poder do Pensamento Positivo*, Norman Vincent Peale, Editora Pensamento - Cultrix, 1994.)

## A ARTE DE VIVER

SALMAN RUSHDIE
- Escritor indiano, naturalizado inglês. Descendente de uma família muçulmana originária do estado da Caxemira (Índia). Rushdie tornou-se conhecido mundialmente devido a um incidente internacional provocado por um de seus livros: *Os Versos Satânicos*, considerado ofensivo ao profeta Maomé por satirizar, em alguns trechos, o Alcorão. Em vista disso o escritor foi condenado à morte (à revelia). Continua escrevendo, mas vive escondido, até hoje, na Inglaterra (1947 -   ).

**"**

Imaginação é como um braço extra, com o qual você pode agarrar coisas que, de outra forma, não estariam ao seu alcance.

**"**

**A ARTE DE VIVER**

# Querer é Poder!

*Olavinho Drummond*

O que é a fé senão a vontade sem limites de acreditar num futuro melhor?

Todos nós viemos ao mundo com uma missão. É essa missão que nos possibilita prosperar espiritualmente. Devemos deixar esta vida melhores do que nela entramos.

Viver é evoluir. Este é o nosso grande objetivo. Um bom meio para promovê-lo é trabalhar pelos mais carentes. Sempre há alguém em situação pior que a nossa, precisando de ajuda, material ou não. A palavra certa na hora certa, por exemplo, vale ouro!

Somos nós que escolhemos nosso caminho. Chega de culpar o governo, a família, o chefe ou os amigos pelos maus resultados obtidos. Optemos por contribuir para um mundo mais justo, fraterno, e estaremos no rumo certo, bem perto da querida felicidade.

Nós tudo podemos. Basta um desejo profundo e merecimento real.

Depois, é só agirmos com determinação. Nada cai do céu, Deus nunca vai fazer por nós aquilo que nós mesmos podemos fazer.

(Fonte: *A Vida Positiva*, Olavinho Drumond, Editora Gente, 1995.)

## A ARTE DE VIVER

JESUS DE NAZARÉ (O Cristo) - Fundador da religião cristã e marco cultural da civilização moderna. Nasceu na cidade de Nazaré, no ano 5 ou 7 antes de nossa era. Não deixou nada escrito. Sua vida é contada pelos evangelistas e constitui a essência do Novo Testamento. Ensinava por parábolas e aforismos. Acusado de traição contra o Império Romano e os religiosos da época, foi condenado e morreu crucificado em 34 a 37 de nossa era. É considerado pelo cristianismo como a maior personalidade da história da humanidade.

**"**

> Graças te dou, ó Pai, porque ocultastes da mente dos que se acham sábios as coisas divinas, e as revelastes aos pequeninos.

**"**

## A ARTE DE VIVER

# Efeito do Pensamento sobre a Saúde e o Corpo

*James Allen*

O corpo é o servo da mente. Torna realidade as atividades da mente, sejam elas deliberadamente escolhidas ou automaticamente manifestadas. À ordem de pensamentos impuros, o corpo mergulha rapidamente na doença e na decadência; ao comando de belos e felizes pensamentos, veste-se de juventude e beleza.

A doença e a saúde, tal como as circunstâncias, nascem do pensamento. Pensamentos doentios tornam o corpo enfermiço. Conhecem-se casos de pensamentos de medo que mataram homens com a rapidez de uma bala e, todos os dias, matam milhares de pessoas com igual certeza, ainda que com menos rapidez. Os que vivem com medo de doenças são os que as contraem. A ansiedade enfraquece rapidamente todo o corpo e torna-o vulnerável à penetração da doença, enquanto pensamentos impuros, mesmo que não transformados em atos físicos, logo desestabilizam o sistema nervoso.

Pensamentos fortes, puros e felizes instilam vigor e graça no corpo. O corpo é um instrumento delicado e plástico, que responde prontamente aos pensamentos que o impressionam. Hábitos de pen-samento produzem efeitos próprios, bons ou maus, sobre o corpo.

O homem continuará a ter sangue impuro e envenenado enquanto propagar pensamentos impuros. O coração puro gera vida pura e corpo puro. A mente conspurcada gera vida contaminada e corpo pútrido. O pensamento é a fonte da ação, da vida e da revelação. Torne-se pura a fonte e tudo será ouro.

A mudança de dieta não ajudará o homem que se recusar a mudar os pensamentos. Quando ele se purifica, não deseja mais os alimentos impuros.

Pensamentos limpos geram hábitos higiênicos. O chamado "santo que não se lava" não é santo. Aquele que fortaleceu e purificou os pensamentos não precisa pensar em micróbios maléficos.

Se quer aperfeiçoar o corpo, proteja a mente. Se quer renová-lo, embeleze-a. Pensamentos de maldade, desapontamento, tristeza, roubam-lhe saúde e graça. O rosto azedo não é obra do acaso: é produto de pensamentos azedos. Rugas que desfiguram são riscadas pela insensatez, pela paixão, pelo orgulho.

Conheço uma mulher de 96 anos que tem um rosto luminoso e inocente de menina. Conheço um homem bem longe ainda da meia-idade cuja face é um trejeito desarmonioso. O rosto dela é resultado de uma disposição doce e alegre; o dele, de paixão desenfreada e de descontentamento.

Da mesma maneira que não podemos ter uma casa agradável e sadia, a menos que deixemos nela entrarem o ar e o sol, só teremos corpo forte e semblante alegre, feliz ou sereno se deixarmos entrar livremente, na mente, pensamentos de alegria, boa vontade e serenidade.

No rosto de pessoas idosas vemos rugas traçadas por solidariedade humana; outras riscadas por pensamentos fortes e puros, e algumas cortadas pela paixão. Quem não as distingue umas das outras? No caso dos que levaram uma vida de retidão, a velhice é calma, tranqüila e suavemente amadurecida, como o sol que se põe. Recentemente, visitei um filósofo em seu leito de morte. Ele não era velho, exceto em anos. Morreu tão suave e tranqüilamente como sempre viveu.

Não há médico melhor do que pensamentos alegres para eliminar os males do corpo, nem consolo que se compare à boa vontade para dissipar as trevas do sofrimento e da infelicidade. O homem que convive continuamente com pensamentos de má vontade, cinismo, desconfiança e inveja confina-se a um calabouço que ele mesmo construiu. Pensar bem de todos, com todos ser alegre e pacientemente aprender a descobrir o bem no próximo — esses pensamentos altruístas são os próprios portais do céu; e alimentar todos os dias pensamentos de paz com relação a todas as criaturas trará paz profunda àquele que assim proceder.

(Fonte: *O Homem é Aquilo que Pensa*, James Allen, Ediouro, 1995.)

## A ARTE DE VIVER

EMPÉDOCLES
- Filósofo, poeta, médico, político, cientista e místico. Sua vida suscitou relatos diversos e foi envolvida numa atmosfera de lendas. O que se relata de mais seguro é que nasceu em Agrigento (Magna Grécia). Consta que participou ativamente da vida política de Agrigento e que teria recusado a realeza quando lhe foi oferecida. Seu pensamento filosófico está registrado em dois de seus poemas: *Purificações* e *Sobre a Natureza* (490 - 430 a.C.).

> À medida que os homens se modificam em natureza, também se modificam os seus pensamentos.

> **Uma coleção de bons pensamentos é um tesouro mais apreciável que as riquezas.**

*Isócrates*
(Orador e político ateniense)

## A ARTE DE VIVER

# Videocassete Mental

*Paulo Coelho*

Diz o mestre:
Quando pressentimos que chegou a hora de mudar, começamos — inconscientemente — a repassar um *tape* mostrando nossas derrotas até aquele momento.

É claro que, à medida que ficamos mais velhos, nossa cota de momentos difíceis é maior. Mas, ao mesmo tempo, a experiência nos deu meios de superar estas derrotas e encontrar o caminho que permite seguir adiante. É preciso, também, colocar esta fita em nosso videocassete mental.

Se só assistirmos ao *tape* da derrota, vamos ficar paralisados. Se só assistirmos ao *tape* da experiência, vamos terminar nos julgando mais sábios do que realmente somos.

Precisamos das duas fitas.

(Fonte: *Maktub*, Paulo Coelho, Editora Rocco, Rio de Janeiro, 1994.)

## A ARTE DE VIVER

**EPICURO**
- Filósofo grego, nascido em Samos. Instalou-se em Atenas e ali fundou uma escola filosófica de grande popularidade. Sistematizou a filosofia conhecida como *Epicurismo*. Essa filosofia manteve sua tradição ininterrupta por sete séculos até a chegada do cristianismo. Sua escola admitia mulheres, fato que abalou o mundo erudito de sua época (341 - 270 a.C.).

"

Devemos gravar no nosso espírito o alvo que temos em mente. Se não fizermos isso, reinarão unicamente confusão e obscuridade.

"

## A ARTE DE VIVER

# Quem Tem Medo de Pensar?

*Roberto Shinyashiki*

Muitas pessoas não aprendem e não crescem porque não querem pensar. Quanto mais nosso cérebro é exigido, mais poderoso fica. Quanto menos exigido, mais preguiçoso. Por isso os desafios são tão importantes. Apresente sempre um desafio para o seu cérebro e ele vai agradecer, pois assim vai receber mais sangue, ficar mais sadio e bem disposto.

Quando você aprende uma nova atividade ou enfrenta um desafio intelectual, utiliza 90% da força do seu cérebro. Quando realiza atividades repetitivas, usa somente 5%. Henry Ford dizia: "Pensar é uma atividade realmente trabalhosa, por isso poucas pessoas a executam". Contam uma história a respeito dele: certa vez, um funcionário apresentou-lhe um projeto, e Ford o remunerou com o equivalente a três dias de trabalho. Quando o colaborador saiu de sua sala, porém, jogou o projeto no lixo. Sua secretária, então, perguntou-lhe o motivo de haver remunerado o funcionário por um projeto que não servia. Ele respondeu: "Não o recompensei pelo projeto, mas sim por ter pensado e mostrado interesse nos nossos resultados".

Ele estava certo. Ao contrário de seu funcionário, muita gente detesta pensar. Como observou Bob Pike: "Três por cento pensam, 7% pensam que pensam e 90% pensam que não têm de pensar".

Crie uma dinâmica de utilização de cérebros em sua empresa. Cérebro é como músculo: quanto mais você o exercitar, mais poderoso ele ficará.

No começo, o pessoal estará enferrujado. Mas, depois, os resultados começarão a aparecer.

(Fonte: *A Revolução dos Campeões*, Roberto Shinyashiki, Editora Gente, 1995.)

## A ARTE DE VIVER

BUDA (Siddhartha Gautama) - Líder espiritual do Oriente, nascido em Kapilavastu, no sopé do Himalaia, em território do atual Nepal. Filho do rei Suddhodana (reino dos Sakyas), despojou-se de sua fortuna para se dedicar a ensinar a *verdade*. É considerado o fundador do Budismo. Não deixou nada escrito (556 - 476 a.C.).

> Assim como o armeiro apara e deixa a flecha reta, o mestre orienta seus pensamentos desgarrados.

## A ARTE DE VIVER

# Espaço de Saúde para a Mente

*Sheila Ostrander*

Você vai criar um lugar especial, um espaço em lugar nenhum, em sua mente. Isto ajuda a focalizar a atenção para visualização e concentração. É o seu próprio espaço criativo, um ponto particular aonde você possa ir relaxar, resolver problemas, tomar decisões. Em meio às nossas muitas atividades, geralmente não temos tempo para sair. Mas qualquer um pode criar para si mesmo um lugar de fuga. É um espaço vivo para você, onde pode pensar e sentir com clareza, isolado das distrações e ritmos do mundo que o cerca.

Você pode criar este espaço de fuga no lugar que desejar — um bom lugar de pescaria, uma praia, as montanhas, o fundo do mar, neste mundo ou fora dele. Você vai projetar, mentalmente, um cômodo, ou vários, se desejar, e colocar coisas nos cômodos para serem usadas mais tarde.

Fique em posição confortável. Feche os olhos e leve-os ligeiramente para cima. Respire devagar e em profundidade, pelo nariz. Agora inspire profundamente e, enquanto expira devagar, sinta uma onda de cálido relaxamento fluir lentamente por todo seu corpo, dos pés à cabeça.

Quando se sentir totalmente relaxado, visualize na mente você mesmo caminhando por um jardim, um parque, ou um campo. Repare as árvores e as moitas de arbustos ao longo do caminho por onde você passa. À sua frente encontra-se uma clareira, com uma árvore muito grande e muito antiga. À medida que se aproxima, você vê os galhos grossos, fortes e resistentes. Pendurado em um deles está um balanço firme. Chegue até lá e sente-se no balanço.

Comece lentamente a balançar-se, para a frente e para trás. Inspire forte quando balançar para trás, e expire quando balançar para a frente. Balançando para a frente e para trás, para a frente e para trás, respirando pausadamente, balançando com suavidade, sempre mais alto, você vai se sentir mais e mais leve. Faça outra respiração profunda enquanto balança mais alto e repare em uma nuvem grande, branca, fofa, flutuando exatamente na sua direção.

Faça outra respiração profunda ao balançar para a frente, flutue para dentro desta nuvem suave e ondulada. A nuvem o carregará em segurança para onde quer que você deseje ir. Voe bem alto no espaço, e depois comece a baixar devagar com uma curva aberta e lenta, até estar outra vez com os pés no chão, no lugar que você escolheu para construir seu lugar de fuga.

Quando se trabalha mentalmente, construir é tão fácil quanto dizer "um, dois, três". Diga a si mesmo que, quando você tiver contado até três, aparecerão o(s) cômodo(s) que você quiser. Ele(s) pode(m) ser de qualquer formato, estilo, cor ou decoração. Quando você tiver contado até três e seu cômodo tiver aparecido, olhe em volta, para ter certeza de que está gostando de tudo ali. Faça as alterações necessárias.

Em seguida, você vai acrescentar certos objetos específicos a este local particular. Use outra vez o método do "um, dois, três". Depois de contar até três, você vai criar um tapete — qualquer tamanho, forma ou estampado que gostar. Certifique-se de que está bem colocado no chão. Sente-se nele. Você pode sentar-se neste tapete a qualquer hora e sentir-se relaxado imediatamente. Quando você se sentar neste tapete, ele lhe trará automaticamente energia bastante para elaborar qualquer projeto.

Agora, você também vai precisar de algumas cadeiras confortáveis. Escolha umas duas cadeiras de que gostar. Quando as cadeiras aparecerem depois de contar até três, certifique-se de que são exatamente como você queria.

Usando seu método de construção por "um, dois, três", crie uma escrivaninha. E uma mesa de trabalho grande, bonita, bem arrumada. Instale uma grande tela de TV em um lugar que você possa ver da mesa. Convenientemente situado próximo à sua mesa, está um painel de controle para a tela de TV, consistindo em três botões — liga-desliga, brilho e canais. Visualize-o com clareza.

Coloque sobre a mesa uma fileira de garrafas e um copo grande. Vão ser usados mais tarde. Em seguida, crie uma porta especial em seu cômodo, pela qual, quando você quiser, possam entrar pessoas que o ajudem em seu projeto. Crie então um espelho de corpo inteiro, em qualquer estilo. Pendure-o na parede.

Olhe mais uma vez para o seu cômodo, certificando-se de que colocou nele tudo o que gostaria. Caminhe por ali, comece a se sentir em casa. Sente-se e diga a si próprio algumas vezes que sempre que desejar por si mesmo chegar a este lugar, você poderá fazê-lo entrando em relaxamento e lentamente visualizando as cores: vermelho, laranja, amarelo, verde, azul, anil e violeta. Quando completar o arco-íris, imagine-se a si mesmo sobre o tapete de seu lugar de fuga, e você ali estará. Sempre saia deste lugar pelo tapete, também.

Quando estiver pronto, volte ao seu ambiente habitual. Conte de um a cinco. Ao contar, sinta-se voltar, lentamente, ao ambiente normal, e a um estado de maior conscientização. Chegando ao cinco, abra os olhos devagar, respire profundamente algumas vezes, espreguice-se e sinta-se revigorado e descansado.

(Fonte: *Super-Aprendizagem pela Sugestologia*, Sheila Ostrander e Lynn Schroeder com Nancy Ostrander, Editora Record, 1980.)

## A ARTE DE VIVER

EMMANUEL KANT - Escritor, filósofo e cientista alemão. Nasceu em Königsberg. É marco da Filosofia Moderna pré e pós-kantiana. Promoveu a síntese entre o racionalismo e o empirismo clássicos. Deixou vasta obra publicada. Como cientista analítico escreveu tratados sobre Fenômenos naturais, História Natural, Antropologia, entre outros. Prefigurou a hipótese nebular de Laplace e a teoria darwiniana da evolução. Depois transferiu seu interesse da Física para a Metafísica. Entre seus escritos estão três obras consideradas monumentais: *A Crítica da Razão Pura*, *A Crítica da Razão Prática* e *A Crítica do Juízo* (1724 -1804).

❝

**A felicidade não é um ideal da razão, mas da imaginação.**

❞

## A ARTE DE VIVER

# É Incrível o que a Memória Pode Fazer

*Walter M. Germain*

Seu supraconsciente reduz a bem pouco a famosa "memória de elefante", pois este só se lembra das coisas que encontrou.

O supraconsciente é um armazém de recordações, é tão vasto que a imaginação vacila ao pensar em quanto conhecimento se concentra nessa minúscula parcela de matéria que chamamos *cérebro*.

O supraconsciente é uma imensa, embora compacta, despensa de fatos. É impossível saber quanto está ali acumulado. A fonte dele parece estender-se ao longo do caminho da nossa ancestralidade, pois o próprio sistema de vida do homem se baseia em esquemas desenvolvidos há milhares de anos.

É impressionante o que nos últimos anos se tem publicado em periódicos sobre o cérebro eletrônico: as enormes quantidades de conhecimentos nele armazenadas, a rapidez com que opera. Contudo, embora nosso cérebro não iguale a velocidade desses gigantes mecânicos, esse progresso tecnológico é fruto da mente humana. Foi esta que colocou ali todos os fatos, até o mais insignificante. O cérebro eletrônico não pode "pensar" em nada que não tenha sido posto dentro dele. Observamos, pasmados, como um problema é "introduzido" no "cérebro" gigante (que chega a ocupar duas salas) e como ele dá, em minutos, a resposta certa.

O homem, com o poder do seu cérebro, criou um "cérebro" que pode acelerar os processos dedutivos do próprio homem e, assim, ajudar a civilização e a humanidade.

Mas compare o cérebro humano — de pouco mais de um quilo e meio — com as toneladas do cérebro eletrônico e veja como a minúscula quantidade de matéria cinzenta concentra milhões de vezes mais dados que o volumoso monstro por ela criado. Saberá, então, por que nosso cérebro é maravilhoso.

Esses 1500 gramas de matéria viva 5contêm maior número de dados, mais conhecimentos do que se possa crer que alguém acumulasse no espaço de uma vida.

A memória do cérebro tem um alcance virtualmente impossível de imaginar e muito menos explicar. E acrescente-se que essa memória (parte integrante do supraconsciente) é constantemente aumentada pela comunicação direta com a memória de todos os outros supraconscientes.

Quantas vezes você sentiu impressões assim:
"Onde já ouvi isso antes?" ou
"Já vi isso em algum lugar!" ou
"Como se explica que eu saiba isso?"

Você, sem dúvida, já teve essas experiências muitas vezes e de muitas formas. Algum fato, afirmação, lugar ou objeto poderá ser-lhe perfeitamente familiar. No entanto, conscientemente, você tem a certeza de que até aquele momento jamais tomara conhecimento dele. E era familiar! Por quê?

Será porque a memória consciente muitas vezes

falha e esquece coisas que experimentou? Em parte, é verdade. Mas o consciente, se o estimularmos até certo ponto, trará lembranças de tudo o que conheceu.

Ou será que o supraconsciente, em dado momento, transfere para o plano consciente do nosso cérebro a memória de alguma coisa que jamais experimentamos, seja conscientemente, seja mesmo durante a nossa existência?

Embora pareça impossível medir os poderes do supraconsciente, podemos com segurança afirmar que o nível supraconsciente do cérebro está para o consciente mais ou menos como o universo está para o nosso planeta.

No entanto, veja a grandeza do consciente. Veja os imensos poderes dos cinco sentidos do cérebro consciente. Quantas vezes nos maravilhamos com as invenções humanas: o rádio, a televisão e a telegrafia, que tanto contribuíram para acelerar as comunicações! E não damos atenção aos poderes da vista, do olfato, do gosto, do tato e do ouvido!

Esses poderes do consciente são fabulosas maravilhas. O homem, com seu engenho, só conseguiu reproduzir dois sentidos humanos: máquinas que "vêem" e máquinas que "ouvem". Ainda não foi capaz de reproduzir as maravilhas de Deus que são o olfato, o paladar e o tato.

E é por não ter reconhecido os poderes que Deus lhe deu que o ser humano foi levado a *profundezas* antes que a *alturas*. Compenetrando-se de que tem dentro de si o poder de fazer tudo, você pode erguer-se aos cimos do fazer bem.

(Fonte: *O Poder da sua Mente*, Walter M. Germain, Bestseller, 1960.)

> **Nada se cria que não tenha sido antes concebido em forma de pensamento.**

**Napoleon Hill**
(Autor do livro Pense e Fique Rico)

# Os Poderes da Mente Humana

*Ramakrishna*

Todas as coisas estão na mente. A liberdade e a escravidão estão na mente. Podeis tingir a mente da cor que quiserdes. É ela como um pedaço de pano branco e limpo. Submerso no vermelho, far-se-á vermelho; posto no azul, tornar-se-á azul; embebido no verde, tomará esta cor ou outra qualquer com que se puser em contato. Não vedes que, se estudais inglês, vos vêm com rapidez as palavras inglesas? E se um *Pandit* estuda sânscrito, citará facilmente versos dos Livros Sagrados. Se mantiverdes a mente em más companhias, vossos pensamentos, idéias e obras serão coloridas com o mal, porém, mantende-vos em companhia de *Bhaktas* e então vossos pensamentos, idéias e ações serão de Deus.

A mente é tudo. De uma parte é a esposa, de outra é o filho; ela ama a esposa de um modo e ao filho de outro; sem embargo, a mente é a mesma. Pela mente nos escravizamos, pela mente nos fazemos livres. Se eu penso que sou absolutamente livre, quer viva no mundo, quer na selva, onde está minha escravidão? Sou o filho de Deus, o filho do Rei dos reis; quem pode prender-me? Se, quando vos morder uma víbora, sustentardes com firmeza: "Não há veneno em mim", sereis curados. Da mesma forma, aquele que assegura com firme convicção: "Não sou escravo, sou livre", faz-se livre.

(Fonte: *Evangelho de Ramakrishna*).

## A ARTE DE VIVER

LACORDAIRE (Jean Baptiste Henri)
- Religioso francês. Nasceu em Recey-sur-Ource. Formou-se em direito, mas não seguiu a carreira jurídica. Ingressou no Seminário de Saint-Sulpice. Foi pregador em Notre-Dame. Deixou uma coletânea de Sermões. Dedicou-se à reestruturação da Igreja francesa pós-revolução. É considerado um dos mais importantes pregadores da França (1802 - 1861).

> **Pensar é mover-se no infinito.**

## A ARTE DE VIVER

# Algumas Surpresas Agradáveis a Seu Respeito

*Vernon Howard*

Há muitos anos, um livro publicado em língua árabe varreu a Europa, tornando-se a leitura favorita dos reis e dos cidadãos. Intitulava-se *Hai Ebn Yokdhan*, e fora escrito por um místico e médico chamado *Ibn Tufail*, que viveu em Sevilha, na Espanha. A procura por esse livro se mostrou tão grande que o mesmo foi traduzido para o inglês, espanhol, francês, alemão e holandês.

O que o tornava tão atraente aos olhos de todos? Despertava os poderes adormecidos dentro dos leitores, sacudindo-os e orientando-os para a libertação interna e para o emprego de suas forças místicas. O livro falava de um homem que se encontrava sozinho em uma ilha deserta, inteiramente abandonado. Decidindo-se a solucionar os segredos tanto do mundo espiritual como do natural, pôs-se a trabalhar — e obteve êxito brilhante. Sem qualquer ajuda de pessoa ou livros, descobriu dentro de si tudo de que necessitava para a vida vitoriosa.

Todos nós temos a energia mental e psíquica de que necessitamos para um dia triunfal, todos os dias. A fim de evitar o desperdício, entretanto, vamos examinar um exemplo de pensamento inútil. É quando as pessoas se preocupam e indagam: "Mas o que posso fazer quanto a todas as minhas dificuldades, que se amontoam?"

Não se esqueça, por um só instante, desta realidade simples, porém notável: Quanto mais você caminha em direção da montanha tanto mais se afasta do deserto. Isto significa que você deve atentar apenas para onde vai, e não onde está ou de onde veio. Desde que esteja em marcha para as montanhas, que preocupação, por menor que seja, deve ter pelo deserto calcinado? O deserto não é seu lar, o topo da montanha é que constitui sua habitação.

Um surto tremendo de energia impele você à frente, depois de compreender que tudo que faz é feito pelo seu próprio bem. O homem comum, na verdade, não vê isto. O pouco trabalho que executa é feito a partir de uma sensação amolante de dever a cumprir, ou porque satisfaz sua visão imaginária de que está procurando sinceramente. Não existe energia nisto, ao contrário, é um esgotamento fatigante das forças naturais. O surto de nova força vem do fato de vermos que estamos, realmente, trabalhando para nós.

(Fonte: *O Poder Cósmico do Homem*, Vernon Howard, Editora Record, 1970.)

## A ARTE DE VIVER

CHARLES DARWIN - Cientista dedicado à antropologia, nascido em Shrewsbury, Inglaterra. Autor da *teoria da evolução* na qual, segundo ele, o homem e o símio descendem de um mesmo antepassado pré-histórico. Sua obra mais famosa é *A Origem das Espécies*, que causou verdadeira revolução científica (1809 - 1882).

> **A imaginação é uma das mais altas prerrogativas do homem.**

## A ARTE DE VIVER

# Conversa Mental

*Núbia Maciel França*

Os meios de comunicação modernos são muito avançados: telefone, telégrafo, rádio, televisor, etc. A tecnologia começa a reduzir os aparelhos a uma miniatura. Essa é a comunicação tecnológica.

Além dela, há a comunicação subjetiva. Você pode se comunicar só pelo desejo. Você pode conseguir uma comunicação superior à da tecnologia. Uma comunicação sem nenhuma contaminação egoísta.

Existe esse desejo de comunicação subjetiva em todas as pessoas e, talvez, elas não se dêem conta. E se dão conta de outras que têm menos efeito. Você deve ser um comunicador efetivo para todos os demais, porque quer transcender o mundo físico.

As aplicações e as conseqüências da comunicação tecnológica são muito grandes. Consequência maior surgirá da comunicação subjetiva.

Problemas existem por falta de comunicação entre as pessoas. É preciso compreender os outros melhor. Se todos formos afetivos — se compreendermos porque cremos no homem — haveremos de converter esse planeta não só fisicamente, mas, também, espiritualmente.

Como crianças, nós não sabemos o grande poder que possuímos.

A tecnologia não pode depender só do hemisfério cerebral esquerdo, isto é da lógica. Há que haver uma tecnologia do lado direito do cérebro, da intuição, que poderá ajudar a humanidade. Todos nós podemos nos comunicar com os demais.

## Emile Coué e a programação à distância

Para realizar a comunicação subjetiva, Émile Coué usava, em sua clínica, o método do sussurro. Ensinava a mãe a chegar junto à cama do filhinho e sussurrar junto a seu ouvido o que desejava dele: deixar de chupar o dedo, de roer as unhas, parar de urinar na cama, ser obediente, aprender tal lição, etc.

Hoje, a técnica de Emile Coué pode ser substituída por outra mais simples e igualmente efetiva: a conversa mental à distância. Para você se comunicar mentalmente, o melhor momento é à noite, quando a pessoa está mais receptiva. Antes de dormir, entre em nível de relaxamento e programe-se para dormir e acordar na hora de mais receptividade da pessoa a ser programada. Faça essa programação durante três noites.

Acordando durante a noite, entre outra vez em relaxamento e converse com a pessoa. Se você tem algo a realizar — seja uma entrevista de emprego, uma palestra a pronunciar, um teste a fazer — prepare seu caminho mediante a conversa mental.

Os pensamentos e sentimentos que você projeta são arautos que envia adiante de si. Os mensageiros enviados abrem caminhos.

(Fonte: *Relaxe ... e Viva Feliz*, Núbia Maciel França e Pe. Martins Terra, Edições Loyola, São Paulo.)

## A ARTE DE VIVER

JUNG (Gustav Karl) - Médico psiquiatra, conferencista e pesquisador dos fenômenos psicológicos. Nasceu em Kesswill (Suíça). Juntamente com Freud é precursor da Psicanálise. Entre outras condecorações, foi agraciado, em 1936, com o título de *Doutor honoris causa* pela Universidade de Harvard, e em 1945 recebeu o mesmo título pela Universidade de Genebra. Deixou vasta obra publicada e, entre seus livros, encontra-se *As Formações do Inconsciente* (1875 - 1961).

> **O crescimento de nossa personalidade faz-se a partir do inconsciente.**

## A ARTE DE VIVER

# O que é Psicologia?

*Enciclopédia da Folha*

Nas palavras de William James, um de seus maiores nomes, é a ciência da vida mental. A psicologia trata do funcionamento da mente, tanto nos seus aspectos normais quanto nas disfunções e distúrbios, ao passo que a psiquiatria lida apenas com os últimos. Os primeiros estudos psicológicos científicos investigavam a percepção sensorial humana, e datam do século XIX. Esta e outras questões foram inicialmente exploradas por filósofos como Locke e Hume, que teorizaram acerca da emoção, motivação, sensação, memória e compreensão. Os primeiros cursos de psicologia foram criados por volta de 1870, por Wundt, em Leipzig, e por James, em Harvard. O método experimental e o desenvolvimento de testes estatísticos foram cruciais para o avanço da psicologia. As maiores descobertas, no entanto, foram feitas em trabalhos mais informais e qualitativos, como os estudos conversacionais sobre o raciocínio infantil, realizados por Piaget. Na Áustria, Freud criou a psicanálise como método de tratamento de neuroses, mas ampliou-a, transformando-a em uma teoria geral sobre a personalidade, motivação, desenvolvimento infantil e doenças mentais. Uma questão recorrente na genética do comportamento é o papel e a importância relativa, e a interação da hereditariedade e da experiência (principalmente as primeiras experiências). Francis Galton (1822-1911) introduziu métodos modernos para investigar esse assunto, que ainda é matéria de pesquisas em áreas relativas ao estudo das diferenças sexuais, da inteligência e da personalidade. Os principais progressos na psicologia do século XX centraram-se nas teorias do aprendizado, especialmente as do behaviorismo, associado a Watson e Skinner. Eles deduziram leis gerais de aprendizagem a partir de experimentos realizados com animais, sobre o controle do comportamento através do condicionamento (criação de um padrão de comportamento resultante da associação mental entre eventos). Este trabalho teve aplicações importantes em psicologia clínica e no tratamento de doenças psiquiátricas. No entanto, o behaviorismo da década de 1950 simplificou a base conceitual e o sacrifício do realismo, em nome do rigor experimental, pareceu cada vez mais inadequado, o que contribuiu para o crescimento da psicologia dita humanística.

Mais recentemente, avanços tecnológicos e científicos fizeram com que fosse reconsiderada a aparente oposição entre o ponto de vista experimental-comportamental e o humanístico: é atualmente possível registrar as atividades do cérebro de diversas formas; o conhecimento de genética aumentou dramaticamente e computadores ajudam na análise estatística. Os computadores, além disso, forneceram uma nova referência para a psicologia cognitiva, a qual, desde a Segunda Guerra Mundial, tornou-se uma das principais áreas de pesquisa, ao lado da psicologia social. Ambas, por sua vez, tiveram como precursora, na década de 1930, a teoria da

Gestalt. A psicologia encontra aplicações na indústria, publicidade, educação geral e infantil e, por meio da psicologia clínica, no diagnóstico e tratamento de doenças psiquiátricas.

(Fonte: *Nova Enciclopédia Ilustrada da Folha*, 1996).

## A ARTE DE VIVER

SAINT-EXUPÉRY (Antoine de) - Piloto de carreira e escritor francês, nascido em Lyon. Conseguiu conciliar a carreira de piloto com a de escritor. Foi condecorado "Cavaleiro da Legião de Honra", categoria aeronáutica civil por suas proezas aéreas em Cabo Juby. Em 1931, recebeu o Prêmio Fémina por seu livro *Vôo Noturno* e, em 1939, recebeu o Prêmio Romance da Academia Francesa pelo livro: *Terra dos Homens*, o qual, lançado nos Estados Unidos, tornou-se *best seller*. Em 1943, lançou o *Pequeno Príncipe*, um dos seus livros mais lidos. Em 1944, durante a Segunda Guerra Mundial, enquanto sobrevoava em missão, seu avião foi abatido por um grupo de caça alemão, ao norte da Bastia (1900 - 1944).

> **Só conheço uma liberdade, e essa é a liberdade do pensamento.**

## A ARTE DE VIVER

"Esperem! Esperem! Escutem-me!...
não temos que ser só carneiros!"

(Fonte: *Desperte o Gigante Interior*, Anthony Robbins, Record, 1993.)

## A ARTE DE VIVER

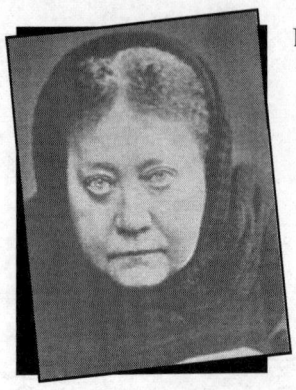

BLAVATSKY (Helena Petrovna) - Mística e líder espiritual. Nasceu em Ekaterinoslaw, na Rússia. Desafiou as correntes religiosas ortodoxas e conservadoras do século XIX com uma filosofia mística, baseada no autoconhecimento do indivíduo. Viajou por todo o mundo contatando místicos e líderes espirituais. Fundou a Sociedade Teosófica, que congrega místicos, filósofos e ocultistas, atualmente com adeptos em todo o mundo. Entre suas obras escritas estão *A Doutrina Secreta* e *O Véu de Ísis* (1831 - 1891).

> *Não pode haver nenhuma libertação do pensamento humano, nem expansão dos descobrimentos científicos enquanto não for resolvida a questão do espírito.*

## A ARTE DE VIVER

# O que é Psicanálise?

*Enciclopédia da Folha*

Teoria psicológica e método terapêutico que trata de desordens mentais conhecidas como neuroses; mais amplamente, é uma teoria geral do desenvolvimento emocional e da personalidade, construída quase integralmente por Freud.

A terapia psicanalítica é individual e se estende por um período relativamente longo; baseando-se na livre associação de idéias do paciente, investiga-se a interação entre o consciente e o inconsciente, trazendo à tona medos e conflitos reprimidos e, assim, as origens e mecanismos profundos dos sintomas neuróticos.

A teoria psicanalítica teve enorme influência no pensamento e na cultura do século XX. Ela confere papel central aos impulsos instintivos (não-conscientes e não-racionais) e à forma pela qual a socialização pode perverter estes impulsos, seja pelo excesso de indulgência ou de controle. A psicanálise enfatiza que os instintos e emoções permanecem inconscientes, não sendo reconhecidos na vida consciente ordinária, mas afetando profundamente o pensamento e o comportamento. Freud acreditava que os impulsos inconscientes (designados como instintos ou "pulsões"), a partir da infância, giram em torno da gratificação física e são, de modo geral, de natureza sexual. Subseqüentemente, no entanto, Freud afirmou a existência de impulsos destrutivos, ao lado dos sexuais. A psicanalista austro-britânica Melanie Klein (1882-1960) levou mais longe as idéias de morte (thanatos) e amor (eros); seu trabalho com crianças é, provavelmente, a mais importante contribuição à psicanálise depois de Freud. Nessa mesma época, o antropólogo B. Malinowski procurou mostrar que a importância dos instintos sexuais na personalidade pode não ser uma característica universal do desenvolvimento humano.

Em *O Ego e o Id* (1923), Freud propôs uma divisão tripartite da personalidade em *ego* (eu), *id* (isto) e *superego*. O id é inconsciente e contém as emoções e os instintos primitivos. O superego contém os valores morais e ideológicos. O ego prossegue entre os dois, tentando reconciliar suas necessidades com as imposições da realidade exterior. É a sede da consciência, mas seus mecanismos de defesa não são processos conscientes.

As idéias e métodos psicanalíticos, por sua grande influência, ganharam, também, numerosos desenvolvimentos e variantes. Teóricos neofreudianos posteriores deram maior ênfase ao desenvolvimento do ego e menos importância às motivações inconscientes e sexuais. Jung, por exemplo, rejeitou a centralidade da última.

A teoria da psicanálise, que pode ser considerada a mais abrangente na psicologia, apresenta, segundo muitos críticos, fraquezas conceituais fundamentais. Para estes, muitas de suas asserções não são passíveis de confirmação científica experimental ou, quando testadas, não foram confirmadas. Segundo outros, a terapia psicanalítica se mostra menos eficiente que algumas formas mais econômicas de psicoterapia, terapia comportamental e outros tratamentos oferecidos pela psiquiatria.

(Fonte: *Nova Enciclopédia Ilustrada da Folha*, 1996).

## A ARTE DE VIVER

**PAULO COELHO**
- Escritor, teatrólogo e ensaísta. O maior fenômeno literário dos últimos tempos no Brasil. Sua mensaqem é de cunho espiritual-filosófico. Em menos de dez anos escreveu seis obras, todas *best sellers*, traduzidas para quase todas as línguas. Foi recentemente eleito para ocupar a cadeira nº 21 da Academia Brasileira de Letras (1947 - ).

> **A mente pode ser traiçoeira; pode nos empurrar para coisas que não queremos e sentimentos que não nos ajudam.**

## A ARTE DE VIVER

# O Poder Mental e Magnetizador da Decisão

*Harold Sherman*

Você tem *poder de decisão*? Pode determinar o que quer? Nada de bom e proveitoso pode ser alcançado se você for indeciso e inconstante em sua mente. Aqueles que não sabem decidir, que não sabem o que querem, estão sempre com problemas deste ou daquele tipo.

Já brincou alguma vez com um ímã e limalhas de ferro? Aponte o ímã em uma direção que todas as limalhas de ferro se reagruparão ao longo da linha de força que as tem em seu poder. Gire o ímã para fora desta área, que as limalhas se espalham em formações novas. Mova o ímã para um lado e para o outro, que as limalhas parecem não saber para onde vão.

São como a motorista que bateu num ônibus na esquina da rua 42 com a 5ª Avenida, em Nova York. O guarda de trânsito correu para ela perguntando:

— O que aconteceu? Por que a senhora não deu o sinal?

— Eu *fiz* sinal! insistiu a mulher indignada.

— *Fez*? disse o motorista do ônibus. *Eu* não vi!

— Então o senhor deve ser vesgo! replicou a mulher. Eu fiz sinal, claramente, avisando que *não tinha certeza de qual o lado que queria virar!*

Você sabe qual o lado, na vida, para o qual quer virar? Conhece a si mesmo o suficiente — seus desejos, suas capacidades, seu gênio, suas necessidades — para julgar o que é *melhor* a fazer quando os problemas surgem? Ou como essa motorista, estará inclinado a virar em *duas* direções ao mesmo tempo?

O mundo está dividido em duas classes de pessoas: as que dizem: "Farei" e as que dizem: "Farei ou não farei?" Esta última atinge uma grande quantidade de pessoas.

Quantas vezes você disse a si mesmo: "Devo ou não devo?" Mais vidas humanas naufragaram nos baixos da indecisão do que por outra coisa qualquer.

"Essa coisa qualquer", o poder criador interior, não pode atrair magneticamente as coisas para você se não for magnetizado por sua decisão. E você tem de voltar esta força magnética de sua mente para a direção a que pretende ir. Quando assim fizer, ela imediatamente principiará a atrair todos os elementos de que você precisa para ajudá-lo a conseguir o que quer.

Quando você vai contra si mesmo, mental e emocionalmente, está momentaneamente embaralhado, paralisando e até destruindo suas forças magnéticas de atração. Uma condição indecisa de espírito e corpo só pode atrair condições indecisas. Não tem poder para atrair qualquer outra coisa.

Enquanto você não souber tomar uma decisão, estará relativamente desamparado, incapaz de mover-se para qualquer direção com firmeza ou com qualquer sensação de segurança e tranqüilidade.

Portanto, encare a realidade. Dê nova orientação a você mesmo, reorganize suas forças dispersas, *tome uma* decisão e vá sempre em frente!

## Decida — e depois aja!

Muitos homens e mulheres atingiram o limite aparente de sua resistência e encontraram nova força à sua espera nas horas de crise grave, quando tomaram uma decisão positiva — quando disseram a si mesmos, com convicção: "Vou enfrentar. Vou levar isto a cabo!"

Não há hora tarde demais em que "aquela coisa qualquer", o poder criador interior, não possa ser magnetizado pelo raciocínio certo e pela decisão certa e lhe dar a força e a sabedoria para continuar.

— Deus me falou no meu grande momento de necessidade — provaram milhares de homens e mulheres agradecidos. Querem dizer que, finalmente, foram levados a apelar para seus recursos interiores dados por Deus, depois de tentar tudo o mais e falhar... e o poder interior que poderiam ter usado sempre respondeu a sua convocação!

(Fonte: *Super TNT — Liberte Suas Forças Interiores*, Harold Sherman, Editora Ibrasa, 1979, São Paulo.)

## A ARTE DE VIVER

SALOMÃO
- Rei de Israel. Filho e sucessor de Davi. É considerado um dos reis mais sábios e justos de toda a Antiguidade. Sua imensa riqueza também é muito citada. São famosas as minas do rei Salomão, tema de filmes. Há diversas histórias sobre sua sabedoria na decisão e julgamento de causas difíceis. Segundo a História teve muitas mulheres, e estas foram a causa de alguns dos seus infortúnios. É de sua autoria o livro bíblico: *Cantares de Salomão* ou *Cântico dos Cânticos* (Aproximadamente 950 a.C.).

"
**Nossa imaginação aumenta sempre o mal que nos é oculto.**
"

## A ARTE DE VIVER

# Visualização Criativa

*Shakti Gawain*

A visualização criativa é uma técnica que consiste em usar a sua imaginação para criar o que você deseja em sua vida. Não existe absolutamente nada de novo, de estranho ou fora do comum na visualização criativa. Você já a está usando todos os dias e, até mesmo, todos os momentos. Trata-se da força da sua imaginação, da energia criativa fundamental do universo que você constantemente utiliza, tenha ou não consciência disso.

Muitos de nós temos usado a nossa capacidade de visualização criativa de uma maneira relativamente inconsciente. Em virtude de nossos conceitos negativos tão arraigados, acostumamo-nos a ter em nossa conta e a imaginar automática e inconscientemente que as privações, as limitações, os problemas e as dificuldades fazem parte de nosso destino. Conseqüentemente, em maior ou menor grau, foi exatamente isso o que criamos para nós.

Este texto faz uma explanação técnica da visualização criativa, pela qual você pode aprender a usar sua imaginação criativa de um modo cada vez mais consciente, como uma ferramenta para produzir o que você *realmente* deseja — amor, realização pessoal, prazer, relacionamentos satisfatórios, um emprego bem remunerado e/ou gratificante, saúde, beleza, prosperidade, paz de espírito, e o que quer que o seu coração deseje. O uso da visualização criativa é a chave que nos possibilita o acesso à benevolência e à bondade da vida.

Imaginação é a capacidade de criar uma idéia ou representação em sua mente. Na visualização criativa você utiliza a sua imaginação para produzir uma imagem mental bem definida de algo que você deseja e, a seguir, continua a concentrar-se regularmente nessa representação, transmitindo-lhe energia positiva até que o seu desejo se transforme numa realidade objetiva, isto é, até que você realmente alcance o que esteve visualizando.

Suas metas podem estar em qualquer nível — físico, mental, emocional ou espiritual. Você poderia imaginar-se morando numa nova casa, trabalhando num outro emprego, tendo um relacionamento harmonioso, sentindo-se calmo e tranqüilo ou, talvez, com uma memória e uma capacidade de aprendizado melhores. Ou ainda, quem sabe, poderia imaginar-se lidando desembaraçadamente com uma situação delicada ou, simplesmente, vendo a si mesmo como um ser radiante, cheio de luz e de amor. Você poderá trabalhar em qualquer um desses níveis, e os resultados sempre aparecerão. Com a experiência, você irá descobrir quais são as imagens mentais e técnicas específicas que se adaptam melhor a você.

Digamos, por exemplo, que você acha difícil dar-se bem com uma certa pessoa e que gostaria de criar um relacionamento mais harmonioso com ela.

Após relaxar e mergulhar num estado mental de profunda e serena meditação, você começa a imaginar que você e a outra pessoa estão se relacionando de uma maneira franca, honesta e harmoniosa. Tente ter a sensação de que a sua imagem mental é algo perfeitamente possível; procure experimentá-la como se fosse alguma coisa que já tivesse acontecido.

Repita este rápido exercício cerca de duas ou três vezes por dia, ou sempre que pensar nele. Se o seu desejo e a sua intenção forem sinceros, e se você estiver realmente propenso a efetuar uma mudança, logo começará a perceber que o relacionamento entre os dois se tornará mais agradável e espontâneo, e que a outra pessoa parecerá mais agradável e acessível. Posteriormente, você acabará descobrindo que, de uma maneira ou de outra, o problema irá resolver-se por completo e em benefício de todos os envolvidos.

Há que se notar que esta técnica *não* pode ser utilizada para "controlar" o comportamento dos outros ou levá-los a fazer algo contra a própria vontade. O seu efeito é o de remover as nossas barreiras interiores à harmonia natural e à auto-realização, permitindo que todas as pessoas possam manifestar os seus aspectos mais positivos.

Para utilizar a visualização criativa não é preciso acreditar em concepções metafísicas ou espirituais, embora seja necessário que você esteja disposto a encarar a viabilidade de certos conceitos. Não é necessário que você "acredite" em alguma força exterior a você.

O que é necessário é o desejo de enriquecer sua experiência e o seu conhecimento, bem como uma mentalidade suficientemente aberta para poder tentar algo novo com uma disposição de espírito positiva.

Estude os princípios e experimente as técnicas com a mente e o coração abertos e, então, julgue por si mesmo se eles lhe foram úteis.

Em caso positivo, continue a usá-los e a desenvolvê-los e, em pouco tempo, as mudanças que ocorrerão em você e em sua vida provavelmente irão superar todas as suas expectativas.

A visualização criativa é mágica no sentido mais verdadeiro e elevado da palavra. Fazer uso dela implica compreender e posicionar-se ao lado dos princípios naturais que governam o funcionamento do nosso universo, e aprender a utilizar esses princípios da maneira mais consciente e criativa possível.

Caso nunca tivesse sido dada a oportunidade de ver uma flor deslumbrante ou um pôr-do-sol espetacular, e alguém lhe fizesse uma descrição dessas coisas, você poderia ser levado a considerá-las como algo miraculoso (e, de fato, o são). Mas, depois que as tivesse visto por si mesmo e começasse a aprender algo acerca das leis naturais sempre presentes, você começaria a entender o modo como surgiram, e o que antes julgara um milagre lhe pareceria natural e sem nada de misterioso.

O que foi dito acima vale, também, para o processo da visualização criativa. O que, à primeira vista, parece espantoso ou impossível para a educação extremamente restritiva que os nossos intelectos receberam, torna-se perfeitamente compreensível depois que tenhamos aprendido e adquirido alguma prática com os princípios fundamentais que sempre estão envolvidos.

Logo que começar a proceder dessa forma, você poderá ter a impressão de estar realizando milagres em sua vida... e eles serão verdadeiros!

(Fonte: *Visualização Criativa*, Shakti Gawain, Editora Pensamento, 1994.)

## A ARTE DE VIVER

MARTIN CLARET - Empresário, editor e jornalista. Nasceu na cidade de Ijuí, RS. Presta consultoria a entidades culturais e ecológicas. Na indústria do livro inovou, criando o conceito do livro-clipping. É herdeiro universal da obra literária do filósofo e educador Huberto Rohden. Está escrevendo o livro *O InfinitoJogo da Vida — Novas Psicotecnologias para Atualização do Potencial Humano* (1928 -   ).

> **É através da atividade mental que o ser humano constrói o seu destino.**

## A ARTE DE VIVER

# Albrecht Dürer

Albrecht Dürer, cuja obra *Auto-retrado em Peliça* ilustra a capa deste livro, nasceu em Nuremberg, Alemanha, no ano de 1471. Era filho de um conhecido ourives daquela cidade, o que o levou, desde muito jovem, a se interessar por questões relacionadas ao ofício paterno.

Depois da formação na oficina de seu pai, Dürer ingressou no estúdio do artista Michael Wolgemut. Ali aprendeu tudo o que se relaciona com a técnica xilográfica.

Na obra de Dürer encontra-se uma evidente relação com o mundo medieval gótico, mas, por outro lado, detecta-se a presença de uma série de elementos que, de modo algum, correspondem a esse estilo, ligando-se antes com o mais puro Renascimento.

Em 1490, Dürer, aconselhado pelo pai, iniciou uma fase de viagens contínuas que durou quatro anos e lhe permitiu estabelecer contatos extremamente interessantes com outros pintores, especialmente alemães ou dos países baixos.

Depois de regressar a Nuremberg, casa-se com Agnes Frey e, no outono de 1494, vai sozinho para o Norte da Itália.

Os temas escolhidos por Dürer não são muito variados. Existe, sobretudo, uma acentuada preferência pelos retratos, quer de personagens femininos quer de masculinos, tendo retratado, também, em diferentes épocas, assuntos religiosos. Chamam muito a atenção os seus desenhos e pinturas de certos animais ou plantas, efetuados com uma notável precisão e com um acentuado naturalismo, próprio do observador mais exigente.

Uma das primeiras obras a óleo, datada de 1493, é o *Auto-Retrato com Flor de Cardo*.

Por volta de 1495, Dürer realiza uma série de pequenas obras sobre papel ou cartão em que se vêem determinados animais representados com notável realismo.

Em 1496, Dürer recebeu uma encomenda do eleitor da Saxônia, Frederico II, o Sábio, para a execução do *Políptico das Sete Dores,* para a Schlosskirche de Wittenberg. A parte central é a *Adoração do Menino*.

Entre a série de retratos efetuada na segunda metade da década de 1490 figuram o retrato do seu pai, um retrato de Katharina Fürlegrin com tranças, o famoso *Auto-Retrato com luvas* e o *Retrato de Oswolt*

*Krel*. Não era em vão que se elogiava de forma constante o citado *Auto-Retrato*, já que nele o personagem, pela sua pose e vestes, adquire um sentido de dignidade muito específico. O *Retrato de Oswolt Krel* é outro dos mais famosos de Albrecht Dürer pela notória capacidade do pintor para captar, nos traços fisionômicos da personagem, a sua evidente emoção psíquica. Em contrapartida, outro auto-retrato, realizado em 1500, apresenta o personagem completamente de frente, contrastando a sua efígie com um fundo uniforme de coloração muito escura.

A esta mesma data corresponde a única pintura temática mitológica que se conserva do artista e que, pela forma como está concebida, revela contatos com alguns pintores italianos. Trata-se de *Hércules Mata as Aves de Estínfalo*.

Em 1506, efetua a sua segunda viagem à Itália, durante a qual, de novo em Veneza, se preocupa em aprofundar o estudo em torno dos problemas da perspectiva. De regresso a Nuremberg, pintou as famosíssimas tábuas de *Adão e Eva*, realizadas separadamente, e com identidade própria. Trata-se dos primeiros corpos executados em tamanho natural na história da pintura alemã.

A tarefa de Dürer como gravador, no período de 1510 a 1520, foi cada vez mais intensa e, por isso, as manifestações pictóricas não são tão numerosas como em anos anteriores. Deste período datam sobretudo retratos de diversos personagens laicos ou eclesiásticos da sociedade alemã.

## A ARTE DE VIVER

# Última Mensagem

*Martin Claret*

Este livro-clipping é uma experiência educacional. Ele vai além da mensagem explícita no texto.
É um livro "vivo" e transformador.
Foi construído para, poderosamente, reprogramar seu cérebro com informações corretas, positivas e geradoras de ação.
O grande segredo para usá-lo com eficácia é a aplicação da mais antiga pedagogia ensinada pelos mestres de sabedoria de todos os tempos:
A REPETIÇÃO.
Por isto ele foi feito em formato de bolso, superportátil, para você poder carregá-lo por toda parte, e lê-lo com freqüência.
Leia-o, releia-o e torne a relê-lo, sempre.
Invista mais em você mesmo.
Esta é uma responsabilidade e um dever somente seus.
Genialize-se!